BEST OF

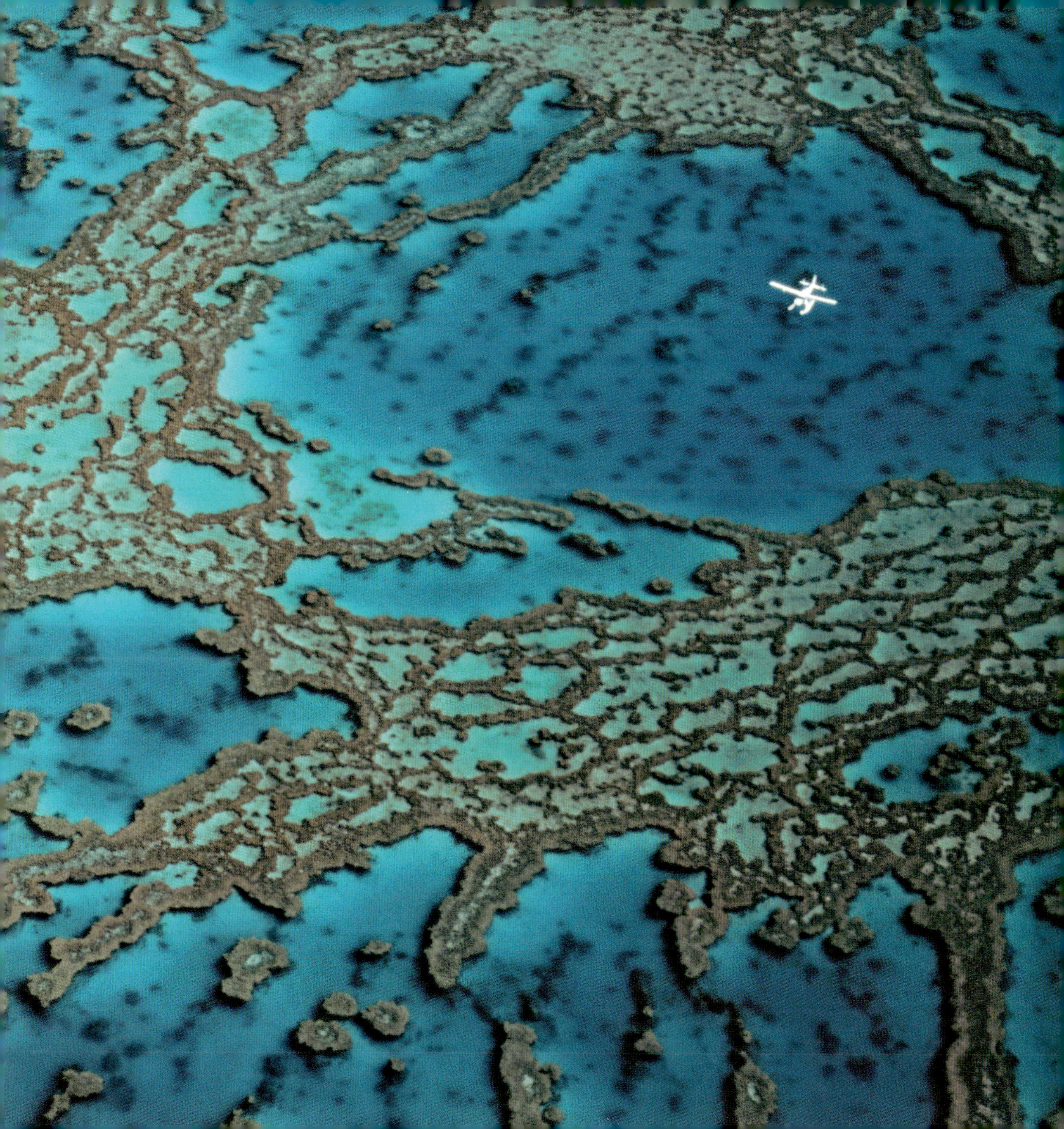

BEST OF
NATIONAL GEOGRAPHIC

DIE BEEINDRUCKENDSTEN
LANDSCHAFTEN
DER WELT

FERDINAND PROTZMAN

NATIONAL GEOGRAPHIC

32
Ost- und Südostasien

78
Ozeanien

114
Zentral- und Südasien

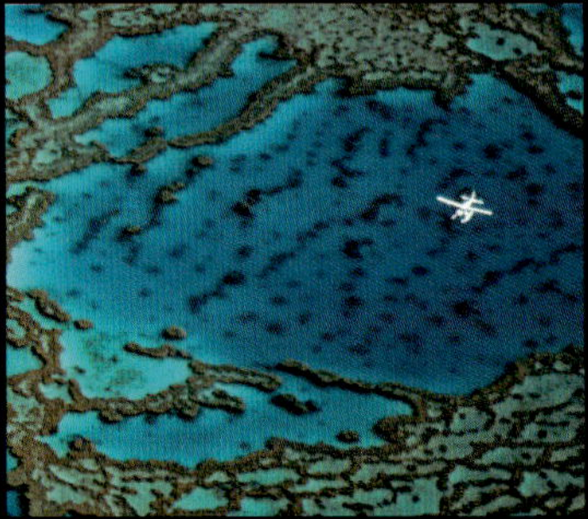

270
West- und Südeuropa

310
Nordafrika

348
Afrika südlich der Sahara

388
Nordamerika

434
Mittel- und Südamerika

474
Polarregionen

EINLEITUNG

Sam Abells Foto von Leo Tolstois Lieblingsweg (links) in der Nähe von Jasnaja Poljana, dem Gut des russischen Schriftstellers, stammt aus dem Jahr 1986. Es ruft vielerlei Assoziationen hervor: Spazierengehen, Dasitzen, Beobachten, Nachdenken, Gestalten. In dieser schlichten Szenerie schlendern zwei Frauen von einem dunklen Fluchtpunkt aus auf die Kamera zu. Der Wald wirkt lebendig. Man kann sich gut vorstellen, wie Tolstoi auf dieser Bank eine schöpferische Pause einlegte, als er an seinen Meisterwerken „Krieg und Frieden“ oder „Anna Karenina“ arbeitete.

Abells Bild ist wie das gesamte vorliegende Buch eine Reflexion darüber, auf welch vielfältige Weise wir Orte, Landschaften, deren Bilder sowie unsere Mitmenschen wahrnehmen und uns zu ihnen in Beziehung setzen. Die Fotos, zum Teil erstmals veröffentlicht, wurden aus den mehr als zehn Millionen Bildern des National Geographic-Archivs ausgewählt. Sie alle sind aus dem Leben gegriffen. Jeder von uns hat im Verlauf seines Lebens einen persönlichen Lieblingsort, der nicht nur die Kulisse für unser Dasein bildet, sondern unser Selbstbild, unseren Glauben und unsere Lebensweise prägt. Gemäß der Tradition von National Geographic sind das Bild des Tolstoischen Wegs und die folgenden Fotos eine Aufforderung, fremde und vertraute Orte mit Offenheit und Neugier zu erforschen, aber auch über die Bedeutung von Orten und Landschaften neu nachzudenken. Mit Hilfe dieser Fotografien können wir um die Welt reisen, ohne den Ort namens „Heimat“ verlassen zu müssen.

— Ferdinand Protzman

1 OST- UND SÜDOSTASIEN

34

Vorherige Seite oben: Gordon Wiltsie, 2000. Shiptons Bogen, der grösste natürliche Gesteinsbogen der Welt, erhebt sich am Nordwestrand der chinesischen Wüste Takla-makan.

Unten: Michael Yamashita, 2001. Grosse Schneeflocken verzaubern jeden Ort. Hier verbringen Fabrikarbeiter in Kaschgar, Westchina, ihre Pause im Freien und geniessen den Neuschnee.

OST- UND SÜDOSTASIEN

Es fällt schwer, sich Südostasien ohne Menschen vorzustellen, als Landschaft ohne die Anzeichen menschlichen Wirkens, das dort über Jahrtausende seine Spuren hinterlassen hat. Üblicherweise laufen vor dem geistigen Auge ein paar Stereotypen ab: die üppigen Urwälder Borneos, der schneebedeckte Gipfel des Fudschijama, ausgedehnte sibirische Wälder, die baumlosen Ebenen der Mongolei oder die breiten, trüben Flüsse Indochinas.

Wer nie selbst dort gewesen ist, stellt sich ein menschenleeres Südostasien so vor, wie man es aus Büchern, Magazinen oder Reiseprospekten kennt. Auch NATIONAL GEOGRAPHIC ist für Millionen Leser eine wichtige Quelle. Doch auf den dort veröffentlichten Fotos aus der Region sind fast immer Menschen oder ihre Spuren zu sehen. Der Versuch, sich die Szenerie ohne Leute vorzustellen, bedarf einiger Anstrengung.

Allerdings treten dabei spannende Fragen auf. Wodurch wird unsere Einschätzung, nicht nur Südostasiens, sondern unseres ganzen Planeten bestimmt? Was verleiht einer Gegend das Attribut „großartig“? Üben die besonderen physischen Merkmale des Fudschijama einen bestimmten Einfluss auf die Menschen aus, die in seiner Nähe leben? Formt die Landschaft die Menschen? Oder formen wir die Landschaft, indem wir ihr Großartigkeit zusprechen?

Darauf gibt es keine einfachen Antworten. Landschaften und Menschen sind beide wesentliche Bestandteile des vielschichtigen Lebens auf der Erde. Der Planet und seine Bewohner befinden sich in ständigem Wandel. Manche physischen Veränderungen der Landschaft, beispielsweise durch Winderosion, sind oft gar nicht wahrnehmbar. Andere, wie der am 26. Dezember 2004 durch ein Seebeben ausgelöste Tsunami und seine Folgen, werden zur Menschheitskatastrophe. Aber auch Veränderungen, die durch die menschliche Zivilisation zu Stande kommen, können dramatisch sein – nicht zuletzt in Südostasien, das in den letzten 50 Jahren mehr politische, wirtschaftliche und gesellschaftliche Turbulenzen erlebt hat als jede andere Region.

Auch wenn sie keine Menschen abbilden, sind unsere Bilder von Südostasien Produkte menschlicher Subjektivität. Im Fall von NATIONAL GEOGRAPHIC arbeiteten die Fotografen für ein Magazin, dem es zunächst darum ging, die Völker und Länder der Welt für ein primär westliches Publikum zu entdecken und zu erforschen. Ob die Fotos nun von professionellen

Fotojournalisten, Künstlern, begabten Amateuren, Wissenschaftlern, Forschern oder Abenteurern aufgenommen wurden – sie dienten stets dazu, die Artikel des Magazins zu illustrieren und das zu vermitteln, was die Fotografen sahen und erlebten. In Südostasien wie auch anderswo waren und sind sie in der Regel Außenstehende mit einem angelsächsisch geprägten Blickwinkel auf die Landschaft.

Die indigenen Völker Südostasiens haben ein ganz anderes Verhältnis zu ihrer Umgebung. Sie leben darin. Europäer und Amerikaner mögen die Szene mit den zwei im Schnee dösenden sibirischen Tigern auf Marc Moritschs Foto als friedlich empfinden. Ein Einheimischer sieht dagegen vielleicht nur zwei gefährliche Tiere, die er am liebsten erschießen würde, bevor sie seine Viehherde weiter dezimieren. Ein Bild, eine Landschaft, zwei unterschiedliche Sichtweisen: jede davon mit eigenen ästhetischen und gesellschaftlichen Konventionen. Möglicherweise liegt der größte Unterschied darin, dass wir als Betrachter die Kontrolle über die Landschaft haben. Wir können das Magazin oder Buch jederzeit zuklappen.

Jedes Landschaftsfoto kann als Schnittstelle zwischen zwei Kulturen gesehen werden, als Punkt, an dem die Betrachtungsweisen der Ortsansässigen und der Außenstehenden aufeinander stoßen und interagieren. So gesehen summieren sich die vorliegenden Bilder von Südostasien zu einer Art Fotomontage, die erheblich mehr über die Region aussagen kann als ein einzelnes Bild. Doch diese Montage ist aus dem spezifischen Blickwinkel der angelsächsischen Kulturtradition entstanden, etwa der Ästhetik der Landschaftsdarstellung, die einen erhöhten Aussichtspunkt und eine lineare Perspektive verlangt, oder der intellektuellen Betonung von Vernunft und Empirismus. In den historischen Fotografien traten auch die negativeren Aspekte dieser Kultur zu Tage, wie Rassismus, Fremdenfeindlichkeit und ökonomische Ausbeutung.

Was die Fotomontage Südostasiens von denen anderer Regionen abhebt, ist ihre ungeheure Dynamik. Verglichen mit der relativ statischen Bildmontage von Europa, wo man die Fotografie erfunden und Landschaften bis zum Überdruss abgelichtet hat, zeigt sich die südostasiatische Landschaft in stetem Wandel. Staaten wie China, Japan, Malaysia und Südkorea haben sich trotz ihres gewaltigen Bevölkerungswachstums zu Industrienationen entwickelt. Diese Veränderungen manifestieren sich auf vielerlei Weise: höherer Lebensstandard, dicht bevölkerte Städte, ausgedehnte Fabrikanlagen, Umweltverschmutzung und der Zusammenprall traditioneller kultureller Werte mit einem hektischen modernen Lebensstil.

Diesen Wandel haben die Fotografen von NATIONAL GEOGRAPHIC festgehalten. Aber wichtiger ist vielleicht, dass sich auch ihre Art, Südostasien ins Bild zu setzen, wesentlich weiterentwickelt hat. Im Lauf der Jahre haben sich die Fotografen weit mehr auf die Gebräuche und ästhetischen Empfindungen der indigenen Kulturen eingelassen, bisweilen sogar deren Sichtweise übernommen. Ein Beispiel hierfür ist Stuart Franklins Bild am Anfang dieses Buches, sein im Januar 2000 aufgenommenes Foto der von Nebel umhüllten chinesischen Berge: eine Aufnahme, die unverkennbar auf den expressiven Symbolismus der chinesischen Landschaftszeichnungen mit Pinsel und Tusche zurückgreift, der sich während der Tang-Dynastie (618–907) entwickelt hat.

Dank dieser Veränderungen bietet sich uns heute ein viel lebendigeres und nuancenreicheres Bild vom Leben und von den Landschaften in Südostasien als den NATIONAL GEOGRAPHIC-Lesern vor zehn, zwanzig oder hundert Jahren. Doch wissen wir auch mehr über die einzelnen Landstriche?

Ja. Betrachten Sie Karen Kasmauskis Foto mit den Umrissen des Fudschijama, der sich in dunstiger Ferne hinter einem Sonnenblumenfeld erhebt. Auf den ersten Blick wirkt es sehr westlich und kitschig. Obwohl rund 102 Millionen Menschen auf der Insel Honshu leben, wo der Berg liegt, obwohl 300 000 Menschen die symmetrische Kegelspitze des Berges alljährlich besteigen und man den Gipfel bei klarem Wetter sogar von Tokio aus sehen kann, gibt es auf diesem Bild keine Menschen. Die Blumen springen dem Betrachter förmlich ins Auge und lenken die Aufmerksamkeit vom Berg ab.

Eine ähnlich distanzierte Perspektive herrscht auf manchen Ukiyo-e-Holzschnitten, die der japanische Künstler Hokusai Katsushika als Teil seiner berühmten „36 Ansichten des Fudschijama“ zwischen 1823 und 1829 geschaffen hat. Auf ihnen ist der den Japanern heilige Berg oft nicht viel mehr als ein Fleck am Horizont. Dennoch spürt man stets seine Gegenwart. Dass zwei Künstler, ein Einheimischer und ein Außenstehender, getrennt durch Zeit, Sprache, Kultur und Medium, den Fudschijama auf so ähnliche Weise abgebildet haben, deutet darauf hin, dass von diesem Berg ein ganz eigener Zauber ausgeht – unabhängig davon, wer das Bild macht.

Vorherige Seiten: Stuart Franklin, 2000. Reisterrassen an den Berghängen von Zentralbali, Indonesien. Vor ungefähr 2000 Jahren hatten Bauern damit begonnen, sie anzulegen.

Links: Raymond Gehman, 2001. Die mehr als 5000 Kilometer lange chinesische Mauer zählt zu den grössten Bauwerken aller Zeiten.

Links: George Steinmetz, 2002. Ein buddhistisches Kloster an einem See in der Badain-Jaran-Wüste in China.

Folgende Seiten: Karen Kasmauski, 2004. Japans Wahrzeichen, der Fudschijama, ragt hinter einem Sonnenblumenfeld auf.

R. Ian Lloyd, 1987. Mönche im nördlichen Thailand sammeln an einem dunstigen Morgen bei Sonnenaufgang Nahrungsmittel bei den Dorfbewohnern ein.

Mercedes Douglas, 1962. Diese *ger* wurden in Massenproduktion hergestellt und nahe einer Getreidemühle in Ulan-Bator aufgestellt. Viele mongolische Stadtbewohner leben vorzugsweise in den jurtenähnlichen Rundzelten. Sie schützen vor dem rauen Klima und lassen sich leicht transportieren.

Es fällt schwer, sich manche Orte

OHNE MENSCHEN VORZUSTELLEN.

Eliza R. Scidmore, 1914. Ein Mann mit Hacke überquert irgendwo in Japan einen schlichten Holzsteg. Die Fotografie verwandelt die Szene in ein gemäldeartiges Bild, das an die nüchterne Ästhetik und poetische Anmut der traditionellen bildenden Künste Japans erinnert.

Gordon Wiltsie, 2004. Buddhistische Pilger am Jokhang-Tempel in Lhasa, Tibet.

Oben: Randy Olson, 2000. Der künstliche Vogel am Spiegel und die Plastikblume auf dem Armaturenbrett bilden einen skurrilen Kontrast zum Qualm aus den Schloten einer Fabrik in Sibirien.

Unten: Sidney Hastings, 2004. Unser Planet ist von rastlosen Menschen bevölkert. Das Foto fängt die Betriebsamkeit der Einwohner von Peking, China, ein.

58

Vorherige Seiten: Paul Chesley, 2001. Die Teilnehmer an einer Parade in Peking tragen bemalte Strohhüte, die wie Sonnenblumen aussehen.

Rechts: Maria Stenzel, 1998. Das indigene Volk der Nenzen lebt auf der Jamal-Halbinsel in Westsibirien. Viele von ihnen halten noch an der traditionellen nomadischen Lebensweise fest.

STEVE RAYMER, 2003. EIN BUDDHISTISCHER MÖNCH TRITT AUS EINEM DER TEMPEL VON ANGKOR WAT, KAMBODSCHA.

David Lawrence, 2001. Nächtliches Kormoranfischen auf dem Fluss Li in der autonomen Region Guangxi Zhuang in China. Die Fischer schnüren den Vögeln die Kehle so zu, dass sie die bei ihren Tauchgängen erjagten Fische nicht hinunterschlucken können.

GEGEND GROSSARTIG?

Tim Laman, 2003. Ein Mandschurenkranich landet während eines Schneegestöbers in Hokkaido, Japan.

66

Raymond Gehman, 2004. Eine Frau mit traditionellem Strohhut hockt neben einem Handkarren in Pingxiang, einer Industriestadt in der autonomen Region Guangxi Zhuang im Süden Chinas, unweit der vietnamesischen Grenze.

LINKS: SAMMLUNG CHARLES HARRIS PHELPS, 1878–1882.
DIE RYOGOKU-BRÜCKE IN TOKIO, JAPAN.

FOLGENDE SEITEN: JODI COBB, 1992. PROBELAUF MIT DRACHEN
FÜR EINE PARADE AM TAIWANESISCHEN NATIONALFEIERTAG.

72

MARC MORITSCH, 1997. VERWAISTE SIBIRISCHE TIGER DÖSEN IN EINEM WILDRESERVAT IN GAYVORON, SIBIRIEN.

74

OBEN LINKS: JAMES L. STANFIELD, 1983. EIN JUNGE IN MEIKTILA, BIRMA, SCHÜTTET SICH BEI SONNENUNTERGANG EINEN EIMER WASSER ÜBER DEN KOPF.

OBEN RECHTS: J. BAYLOR ROBERTS, 1955. DIE KRATERSEEN IN INDONESIEN SCHIMMERN IN UNTERSCHIEDLICHEN FARBEN.

LANDSCHAFTSFOTOS SIND SCHNITT

STELLEN ZWISCHEN DEN KULTUREN.

Michael Yamashita, 2003. Brücke über den Wassergraben der Burg Matsumoto in der Präfektur Nagano, Japan, auf Honshu.

NEXT 92 km

2 OZEANIEN

80

Vorherige Seite oben: Bill Bachman, 1999. Im australischen Outback warnen Verkehrsschilder vor kreuzenden Kamelen, Wombats und Kängurus.

Unten: Paul Nicklen, 2004. Die Kunst der Unterwasserfotografie: Fahnenbarsche zwischen Salatkorallen, aufgenommen vor den Phoenixinseln, Kiribati, Polynesien.

OZEANIEN

Bei einer Reise entlang der Fotostrecken von NATIONAL GEOGRAPHIC sähe ein typischer Tag im Südpazifik ungefähr so aus: Frühstück auf Tahiti; Tauchexkursion an den Riffen der Fidschiinseln; Stadtbummel in Sydney; Fahrt durch das australische Outback; Besuch beim Volk der Asaro in Papua-Neuguinea anlässlich ihres jährlichen *sing sing*-Fests; Wanderung im Bergland Amerikanisch-Samoas, Panoramaflug über Palau, dann Windsurfen vor der Küste Hawaiis.

In der Realität ist dieser Zeitplan zwar unmöglich einzuhalten, aber der imaginäre Tagesablauf – Inselhüpfen in Kombination mit Sightseeing und ethnologisch orientierten Studien – macht deutlich, wie schizophren NATIONAL GEOGRAPHIC die Region in der Vergangenheit dargestellt hat.

Die im Magazin veröffentlichten Fotos sind mitverantwortlich für das Klischee von den Südpazifischen Inseln als Paradies auf Erden. Herrliche Farbaufnahmen zeigen einen stets wolkenlosen Himmel. Der unwirklich blaue Ozean brandet sanft an menschenleere Strände, während gut aussehende Eingeborene rituelle Tänze aufführen. Wir geraten ins Träumen, und schon haben wir den berühmten *hukilau*-Song von Jack Owens im Ohr. Aber zuvor gilt unser Augenmerk noch den Schafen. Dicht gedrängt in riesigen Pferchen wie auf Winfield Parks Foto aus dem australischen Queensland – dazu bestimmt, Fleisch, Wolle oder Rohstoffe für Hausschuhe zu liefern –, erinnern sie uns daran, dass Fotografen in ihren Bildern für NATIONAL GEOGRAPHIC das Klischee der Südseewelt auch entlarvt haben. Die Feiernden auf Annie Griffiths Belts Foto vom Bondi Beach in Sydney, die es sich am Weihnachtstag in der Sonne gut gehen lassen, nehmen dem dortigen Opernhaus etwas von seinem hochkulturellen Wind aus den Segeln.

Für dieses Einerseits-Andererseits gibt es viele Gründe. Der wichtigste ist, dass die Fotografen einfach abgelichtet haben, was sie vorfanden. Selbst die Bilder, die am meisten wie Klischees wirken, sind aus dem Leben gegriffen.

Auch die dem Stereotyp zu Grunde liegenden Elemente – Sonne, Sand, Meer, Flora und Fauna – sowie die indigenen Kulturen Australiens, Neukaledoniens, Papua-Neuguineas, Neuseelands, Palaus, der Fidschiinseln und Hawaiis sind einzigartig. Der Pazifik bietet tatsächlich ein Unterwasserleben, das in Erstaunen versetzt, und beachtliche geophysikalische Formationen wie das Great Barrier Reef mit seinen 400 Korallen- und 1500 Fischarten.

Diese Orte und die dort lebenden Menschen haben westliche Augen geblendet, seit Captain James Cook die südliche Hemisphäre im 18. Jahrhundert erstmals erkundete. Für Cooks an das feuchtkalte Klima Europas gewöhnte Zeitgenossen müssen seine Beschreibungen von Tahiti, Australien und Hawaii den Himmel auf Erden dargestellt haben. Kunstwerke, die die Region abbildeten, haben diesen Eindruck noch verstärkt. Mit der Entwicklung der fotomechanischen Reproduktion, des Vierfarbdrucks und der Farbfotografie wurden die Wunder des Südpazifik einer wachsenden Öffentlichkeit bekannt. Nach dem Zweiten Weltkrieg reduzierte die moderne Luftfahrt die Reisezeit von Europa oder Amerika nach Ozeanien erheblich. Der auf den Krieg folgende Aufschwung machte solche Exkursionen für mehr Menschen möglich.

Doch die in National Geographic publizierten Fotos verfolgten nicht den Zweck, Touristenscharen in die Gegend zu locken. Im Lauf des vergangenen Jahrhunderts dokumentierten viele dieser Aufnahmen Pflanzen- und Tierwelt, geologische Formationen und das kulturelle Leben der Pazifikinseln. Andere Bilder konzentrierten sich einzig auf den schönen Anblick der Inseln. So scheint Luis Mardens Aufnahme einer Lagune in Tahiti, abgedruckt in der Juliausgabe von 1962 in dem Artikel „Tahiti – ‚Schönste Insel der Welt'", den Träumen eines Reiseveranstalters entsprungen.

Nichts gegen Marden. Es heißt, er habe diesen Ort wirklich geliebt, und er sah eben, was er sah. Seit Ankunft der ersten Europäer sind Besucher von Tahiti und anderen Südpazifischen Inseln hingerissen. Diese Liebe fußt einerseits auf der unbestrittenen Faszination, die von dieser Region ausgeht. Zum anderen entsprechen die Bilder von diesen Inseln auch der tief im westlichen Denken sowie der in Religionen wie dem Islam und dem Buddhismus verankerten Vorstellung vom Paradies. Keiner weiß, ob es wirklich existiert, aber alle wollen wir hin.

In gewisser Weise ist das Paradies eine Landschaft, die das menschliche Gewissen beruhigt. Dort lebt die Menschheit noch in Harmonie mit der Natur. Es ist ein primitiver, unbefleckter Ort, der sich nicht verändert, ein Ort, der keinen Mangel kennt, weil Bedürfnisse sich mühelos befriedigen lassen. Einfache, unkomplizierte Menschen leben dort in Freundschaft und Glück. Die Güte dieses Ortes wiegt die Verfehlungen der Menschheit auf. Unzählige hat die Sehnsucht nach dem Paradies dazu getrieben, diese Inseln zu bereisen. Beschreibungen und Bilder wie die von Paul Gauguin bestärkten sie noch. Als der Maler 1893 von seiner ersten Tahiti-Reise nach Frankreich zurückkehrte, verfasste er zusammen mit dem Kritiker Charles Morice „Noa Noa", eine farbige Schilderung seiner Erlebnisse. Am Ende fasst Gauguin seine Erfahrungen zusammen: «Leb wohl, gastfreundliche Erde, köstliche Erde, Heimat der Freiheit und der Schönheit! Ich scheide um zwei Jahre älter, um zwanzig Jahre jünger, barbarischer auch als bei meiner Ankunft, und doch wissender. Ja, die Wilden haben den alten Kulturmenschen viele Dinge gelehrt, diese Ungebildeten, viele Dinge vom Wissen um das Leben und von der Kunst, glücklich zu sein.»

Gauguin spricht der Insel dieselben universellen Reize zu wie dem Paradies. Doch selbst das Paradies vermochte sein Leiden nicht dauerhaft zu lindern. Er kehrte 1895 nach Tahiti zurück und unternahm dort im Januar 1898 einen Selbstmordversuch – kurz nach Vollendung seines wandbildartigen Gemäldes „Woher kommen wir? Wer sind wir? Wohin gehen wir?"

Fragen, die Kinder ihren Eltern stellen. Die Antworten darauf lauten ganz unterschiedlich, denn Erwachsene geben nicht gern zu, dass sie es auch nicht wissen. Leider, und das hat vielleicht auch Gauguin gemerkt, werfen die Vorstellung vom Paradies und seine bildliche Darstellung ebenso viele existentielle Fragen auf, wie sie beantworten. Das Paradies und Fotografien haben einiges gemeinsam. Beide sind Abstraktionen fern ihres Ursprungsorts. Beide können unseren Gemütszustand beeinflussen. Beide erinnern uns daran, dass wir auch woanders sein könnten, als wir gerade sind. Genau aus diesem Grund hängen wir zu Hause und am Arbeitsplatz Bilder von Hawaii oder Neukaledonien auf.

Die Fotografien in diesem Kapitel zeigen den südpazifischen Raum so, wie Luis Marden und seine Kollegen ihn zu sehen bekamen. Wenn wir heute einige ihrer Aufnahmen als zu idyllisch empfinden, müssen wir bedenken, dass die Zeit vergeht, Geschmack und Ideen sich wandeln. Obwohl die Fotografen von NATIONAL GEOGRAPHIC in den letzten Jahren auch nicht davor zurückscheuten, die weniger fotogenen Seiten der Region zu zeigen – die Umweltzerstörung oder das konfliktträchtige Aufeinanderprallen von einheimischer und fremder Kultur –, lockt das Paradies noch immer.

Medford Taylors Foto des australischen *dog fence* ruft uns dann ins Gedächtnis, dass es auch im Paradies immer Dingos geben wird, für die Schafe nichts weiter sind als Leckerbissen auf vier Beinen.

SHOP

JUST FOR

VORHERIGE SEITEN: ANNIE GRIFFITHS BELT, 2000. IM VORDERGRUND DIE JAHRMARKTSATTRAKTIONEN DES LUNA PARK IN SYDNEY – AUF DER ANDEREN SEITE DES HAFENS, HINTER DER BRÜCKE, DAS OPERNHAUS.

LINKS: MELINDA BERGE, 1983. GOLFSPIELER UND RINDER TEILEN SICH DIESEN GOLFPLATZ AUF NORFOLK ISLAND, EINER FÜNF MAL ACHT KILOMETER GROSSEN, VON CAPTAIN JAMES COOK ENTDECKTEN INSEL IM SÜDPAZIFIK.

FRANS LANTING, 1999. EINE PFLANZENWELT WIE IM PARADIES: IN DEM PRIVATEN LANDSCHAFTSSCHUTZ-GEBIET PU'U KUKUI WATERSHED PRESERVE AUF MAUI WUCHERN RIESENLOBELIEN UND SILBERSCHWERTER.

LINKS: MEDFORD TAYLOR, 1995. DER *DOG FENCE* GENANNTE ZAUN SOLL DIE SCHAFE VOR DINGOS SCHÜTZEN. CEDUNA, AUSTRALIEN.

FOLGENDE SEITEN: RANDY OLSON, 2000. OLOSEGA ISLAND, AMERIKANISCH-SAMOA.

BUS STOP 4P

Jason Edwards, 2004. Gartenzwerg an einer Bushaltestelle in William Creek, Südaustralien.

Oben links: Winfield Parks, 1968. Merinoschafe im Schafzuchtbetrieb Baxter's Shed in Queensland, Australien.

Oben rechts: Kevin Diletti, 1988. Eukalyptusbäume und Akazien am Südende der Nullarbor-Ebene, Westaustralien.

SAM ABELL, 1996. DAS PARADIES ALS ORT DES EXILS UND DER GEFANGENSCHAFT: DIE RUINEN DES PORT-ARTHUR-GEFÄNGNISSES IN TASMANIEN.

Peter Essik, 2000. Die Totempfähle der Kanak auf Neukaledonien stehen für die Eingeborenenkultur auf der Insel im Südpazifik, die bis zum Jahr 2003 französisches Übersee-Territorium war.

OBEN: DAVID DOUBILET, 1999. VOR DER KÜSTE PAPUA-NEUGUINEAS VERSCHLUCKT EIN ALGEN-DRACHENKOPF, GETARNT IN DEN NEONFARBEN DER UNTERWASSERWELT DES SÜDPAZIFIK, SEINE BEUTE.

UNTEN: BELINDA WRIGHT, 1988. KUNST IN DER LANDSCHAFT: DIE ABORIGINES IN AUSTRALIEN HABEN IHRE VORSTELLUNG VON DER SCHÖPFUNG IN DIE FELSWÄNDE DES KAKADU-NATIONALPARKS GERITZT.

Vorherige Seiten: Jodi Cobb, 2001. An einem Strand auf Hawaii – der wahr gewordene Traum vom Urlaub auf einer Pazifikinsel.

Rechts: Miguel L. Fairbanks, 1995. Ein verwaister Koalabär fährt mit seiner Pflegemutter spazieren. New South Wales, Australien.

OBEN: PAUL CHESLEY, 1997. TÄNZER UND MUSIKER AUF HAWAII – DIE KLISCHEES VOM PARADIES HABEN IHRE WURZELN IM RICHTIGEN LEBEN.

UNTEN: ANNIE GRIFFITHS BELT, 2000. SANTA CLAUS, SONNE UND MEER: AM BONDI BEACH IN SYDNEY, AUSTRALIEN, FEIERN MENSCHEN WEIHNACHTEN.

HAWAII

VORHERIGE SEITEN: JODI COBB, 2001. MIT SCHLAMM BESCHMIERTE ASARO-*MUDMEN* BEIM ALLJÄHRLICHEN *SING SING* IHRES VOLKES IN GAROKA, PAPUA-NEUGUINEA.

LINKS: LUIS MARDEN, 1962. TAHITI ALS IDEALBILD EINER INSEL – ABSOLUT PERFEKT, ZUMINDEST ALS FOTOMOTIV.

3 ZENTRAL- UND SÜDASIEN

116

Vorherige Seite oben: Robb Kendrick, 2003. In dem nepalesischen Bergdorf Khunde flattern buddhistische Gebetsfahnen, die Glück, langes Leben und Wohlstand bringen sollen.

Unten: Steve Raymer, 1983. Im pakistanischen Khanpur-Tal blüht der farbenprächtige Schlafmohn, aus dessen Samenkapseln Rohopium, der Grundstoff für Opium, Morphium und Heroin, gewonnen wird.

ZENTRAL- UND SÜDASIEN

Eine Fotografie ist ein Bild, das mittels Licht durch eine Art kleines Fernrohr übertragen wird. Im Fall einer Fotografie, die in einer Zeitschrift oder einem Buch veröffentlicht wurde, hat es jemand in der Hand gehalten, den wir vermutlich nie kennen lernen werden. Der Fotograf, gewissermaßen ein subjektiver Filter, hat entschieden, was auf dem Foto zu sehen sein soll. Doch unabhängig von seiner Neigung, seinem Können und seiner Ausrüstung zeigt jede Aufnahme stets nur ein Fragment von einem Ort zu einem ganz bestimmten Zeitpunkt.

Die Bilder in NATIONAL GEOGRAPHIC oder anderen Zeitschriften haben einen weiteren Auswahlprozess hinter sich. Redakteure wählen sie aus, um einen Text zu illustrieren oder eine eigenständige Geschichte zu erzählen. Dem späteren Betrachter werden also noch weniger Fragmente vom ursprünglichen Schauplatz der Fotos präsentiert, als ursprünglich aufgenommen wurden. Welcher Gesamtszenerie sie entstammen, kann er bestenfalls herleiten.

Manchmal aber strotzt eine Landschaft mit ihren Menschen und ihrer Kultur dermaßen vor Leben, dass die dem Medium innewohnenden Beschränkungen und sämtliche Filterprozesse aufgehoben werden. Die Fragmente verschmelzen dann zu einem umfassenderen, aussagekräftigeren Bild wie bei den Aufnahmen in diesem Buch aus Russland, Kasachstan, Usbekistan, Turkmenistan, Afghanistan, Pakistan, Bhutan, Nepal und Indien.

Die Landschaften, die auf Fotos oft nur als Postkartenidylle oder belangloser Hintergrund dienen, haben hier eine ursprüngliche Kraft, die durch die Linse zu drängen scheint. Sie lassen das Bild größer und lebendiger wirken, als es sonst auf Fotografien üblich ist.

Das ist in erster Linie der außergewöhnlichen Motivwahl der Fotografen zu verdanken, die für NATIONAL GEOGRAPHIC arbeiten. Die Bilder in diesem Kapitel zeigen einen fesselnden Querschnitt der Menschen, die auf der größten Landmasse der Erde zu Hause sind. Hier häufen sich geographische, geologische, biologische und klimatische Extreme. Die Bevölkerungsdichte sowie wirtschaftliche und soziale Probleme stellen enorme Herausforderungen dar. Überwältigende Schönheit trifft auf unfassbare Hässlichkeit. Ihre Wirkung erzielen die Fotografien aber nicht durch die gezeigten Extreme – Wüsten und Gletscher, das Tadsch Mahal und bitterste Armut –, sondern durch das, was der Betrachter dahinter erahnt: die schiere Unermesslichkeit von Zentral- und Südasien, seine Ferne zur Welt und zur Weltsicht des Westens.

Von der sibirischen Taiga bis zu den Gipfeln und Tälern des Hindukusch, vom Dekhan-Plateau in Indien bis zum Dschungel von Sri Lanka scheint die abgebildete Landschaft selbst in klimatisch gemäßigten und fruchtbaren Gebieten die Gegenwart der Menschen eher zu dulden als zu begrüßen. Im Herzen Asiens, wo Monsunregen fällt, Tsunamis die indische Küste heimsuchen und auf den eisigen Gipfeln des Mount Everest Sauerstoffknappheit herrscht, ist die Landschaft oft unwirtlich. Sie ist so wild und gewaltig, dass der Mensch sie zwar in Besitz nehmen, aber niemals bezwingen kann. Afrika mag die Wiege der Zivilisation sein. Aber in Zentralasien sind Imperien untergegangen.

Welche Kraft dieser Landschaft innewohnt, spüren die Bewohner im Hindukusch häufig am eigenen Leib. Hier prallen die Eurasische und die Indisch-Australische Platte aufeinander und lösen pro Jahr durchschnittlich vier große Erdbeben, mindestens der Stärke 5 auf der Richterskala, aus. Manchmal bebt auch der Himmel und öffnet dröhnend seine Schleusen über dem Himalaja. Die Bhutaner nennen ihr Land *„Druk Yul“,* Land des Donnerdrachens.

Derart tosende Naturgewalten kann eine Fotografie nicht wiedergeben. Doch James L. Stanfields Aufnahme vom Chomolhari, Bhutans zweithöchstem Gipfel, der drohend hinter einer verfallenen Festung aufragt, vermittelt ein eindringliches Gefühl für die Maßstäbe dieser Region und die physikalischen Kräfte, die hier wirken.

Verständlich, dass Buddhisten und Hindus dieser Landschaft spirituelle Kräfte zuschreiben. Die Bewohner des Parotals verehren die buddhistische Berggöttin Tsheringma, die sich nach bhutanischem Glauben im Chomolhari verkörpert. In Indien fotografierte James P. Blair hinduistische Pilger unter den Kapildhara-Fällen im Quellgebiet der Narmada. Die Hindus glauben, der Fluss sei auf Geheiß des Gottes Shiva vom Himmel herabgestiegen und besitze so viel göttliche Macht, dass allein ein Blick auf seine Wasser von allen Sünden erlöst.

Für manche belegt ein solcher Glaube, wie fern diese Orte dem Westen nicht nur geographisch, sondern auch kulturell sind. Doch je länger ich mir Blairs Foto ansehe, desto näher fühle ich mich diesen Pilgern. In einem anderen kulturellen Kontext sähen die von Robb Kendrick fotografierten buddhistischen Gebetsfahnen im nepalesischen Bergdorf Khunde einfach nur aus wie Wäsche auf der Leine. Doch dahinter steht der Glaube an die wundertätige Macht des

Windes, der gemäß der buddhistischen Vorstellung Glück, ein langes Leben, Wohlstand und Erleuchtung bringt.

Mit genügend Muße lassen sich in solchen Aufnahmen relativ leicht kulturelle Gemeinsamkeiten unterschiedlicher Völker ausmachen. Ob diese vor Ort ebenso offensichtlich sind, ist eine andere Frage. In den riesigen Gebieten von Zentral- und Südasien lebt eine Vielzahl ethnischer Gruppen. Manche kamen als Eroberer wie die Perser, die Griechen unter Alexander dem Großen, die Türken und die Araber. Sie brachten den Islam und den Buddhismus mit und prägten dadurch die Region bis heute. Aber kein Reich konnte sich hier längere Zeit behaupten. Durch die Geschichte dieser Länder, besonders Zentralasiens, ziehen sich ethnische und religiöse Unruhen wie ein roter Faden.

Alle Staaten der Region kämpfen darum, ihre traditionellen Werte mit der Globalisierung in Einklang zu bringen. Die Seidenstraße war zu ihrer Blütezeit der unübertroffene Informations-Highway. Heute sind Samarkand und Taschkent durch das Internet verbunden, Kulturen begegnen sich per Mausklick. Die neuen postsowjetischen Staaten – Kasachstan, Usbekistan, Turkmenistan, Kirgistan und Tadschikistan – bemühen sich um ökonomische und politische Stabilität auf der Grundlage ihrer nationalen Identität.

Selbst ein Symbol wie der Mount Everest hat sich in seiner Bedeutung verändert. Der höchste Berg der Erde verwandelte sich im Lauf meines Lebens von einer unbezwungenen Legende zu einem Ort, für den Bergsteiger Reservierungen abgeben müssen und dessen Routen Expeditionsmüll ziert.

Doch trotz dieses Wandels hat sich der Berg seine Magie bewahrt. Auf Wally Bergs Foto erglüht ein Gipfel neben dem Mount Everest im Sonnenaufgang. Der Schatten des höchsten Bergs verbindet Himmel und Erde. Bei diesem Anblick versteht man sofort, warum die Menschen, die an seinem Fuß wohnen, diesen Berg verehren, und warum andere von weither kommen und ihr Leben riskieren, um auf seinen Gipfel zu gelangen – an einen Ort, wo niemand lange überlebt. Selbst auf Fotos ist seine majestätische Erscheinung so überwältigend, dass der Betrachter das Gefühl hat, etwas unermesslich Gewaltiges würde auf der anderen Seite durchs Fernglas spähen und über unsere Winzigkeit staunen.

जुता मरम्मत केन्द्र माफा
SHOES REPAIRING CENTER. MARPHA
PARADISE GUEST HOUSE
STAURANT & BAR
ROOMS WITH ATTACHED & COMMON BATH
SOLAR HEATED WATER
MARPHA.

Vorherige Seiten: Barry Bishop, 1963. Ein Bergsteiger beim Aufstieg über den Eisbruch des Khumbu-Gletschers im Himalaja, Nepal.

Links: Steve McCurry, 1999. Im nepalesischen Marpha finden Himalaja-touristen Unterkunft und Dienstleistungen.

James L. Stanfield, 1991. Vor dem Chomolhari, dem zweit-
höchsten Berg Bhutans, wirkt die verfallene Festung winzig.

VORHERIGE SEITEN: DEBRA KELLNER, 2000. EINE ANGEHÖRIGE DER RANA THARU, NEPAL.

LINKS: SAM ABELL, 2000. EIN MIT BLUMEN GESCHMÜCKTES BOOT AUF DEM DALSEE IN KASCHMIR, INDIEN.

130

OBEN LINKS: GORDON GAHAN, DATUM UNBEKANNT. BILD IM BILD: IN SAMARKAND, USBEKISTAN, SCHAUEN PASSANTEN EINEM KÜNSTLER ZU, DER DEN REGISTANPLATZ MALT.

OBEN RECHTS: GERD LUDWIG, 1991. SONNTAGVORMITTAG AUF DEM TRÖDELMARKT IN ALMA ATA, KASACHSTAN: EINE FRAU VERKAUFT GÄNSE AUS DEM KOFFERRAUM IHRES AUTOS HERAUS UND LÖSCHT GERADE IHREN DURST.

JEDE AUFNAHME ZEIGT STETS NUR

07 АП

Bill Hatcher, 1996. Die zerklüftete Ostwand des Nameless Tower im pakistanischen Karakorum-gebirge offenbart die urwüchsige Kraft und Schönheit Zentralasiens.

JAMES P. BLAIR, 1988. HINDUISTISCHE PILGER AN DEN KAPILDHARA-FÄLLEN IM QUELLGEBIET DER NARMADA, INDIEN.

DINESH
CYCLE

OBEN: STEVE MCCURRY, 1993. IN KANDAHAR SPIELEN AFGHANISCHE KINDER AUF DEM GESCHÜTZROHR EINES PANZERS.

UNTEN: PETER ESSICK, 2002. UNTERHALB EINER WASSERLEITUNG, DIE TRINKWASSER IN DIE INDISCHE STADT DELHI FÜHRT, HABEN SICH SLUMBEWOHNER ANGESIEDELT.

Vorherige Seiten: Nicole Bengiveno, 1988. Die zentralasiatische Landschaft scheint menschliche Präsenz eher zu dulden als zu begrüssen: ein islamisches Grabmal aus dem 12. Jahrhundert in den Ruinen der uralten Stadt Merv, Turkmenistan.

Rechts: Frans Lanting, 2002. Ein prächtiger Pfau auf einem Baum im indischen Bandipur.

STEVE MCCURRY, 1997. IN DEM FLUSS, AUS DEM DER JUNGE WASSER SCHÖPFT, SPIEGELT SICH DAS TADSCH MAHAL. AGRA IM INDISCHEN BUNDESSTAAT UTTAR PRADESH.

Wally Berg, 2003. Erstes Morgenlicht trifft auf einen Gipfel westlich der hoch aufragenden, pyramidenförmigen Spitze des Mount Everest.

Der Schatten des höchsten Bergs

Roland und Sabrina Michaud, 1973. Festung und Brücke von Kholm, Afghanistan. Die Stadt ist seit Jahrhunderten ein Knotenpunkt, der den Hindukusch mit den tiefer gelegenen Flusstälern verbindet.

148

James P. Blair, 2004. Kleinere Stupas umgeben den Stupa von Swayambhunath in Kathmandu, Nepal.

Links: Steve McCurry, 2003. Der Schrein von Hazrat Ali in Mazar-e-Sharif, Afghanistan.

Folgende Seiten: Steve McCurry, 2002. Teppichhändler in Kabul, Afghanistan.

4 NAHER OSTEN

Vorherige Seite oben: Gegensätzliche Bilder aus Nahost. Sisse Brimberg, 1991. Brennendes Ölfeld in Kuwait nach dem Golfkrieg 1991.

Unten: Annie Griffiths Belt, 1998. Wildblumen in der Wüstenlandschaft bei Petra, Jordanien, einer einst reichen Stadt an der Seidenstrasse.

NAHER OSTEN

Im Lauf der Jahrhunderte hat sich der Nahe Osten zu einer Region entwickelt, die weniger über ihre Landschaft, ihre Tier- und Pflanzenwelt oder das Klima definiert ist als vielmehr über Individuen, Ideen, Ereignisse und Emotionen. Diese Region spielt in der Weltgeschichte und der aktuellen Berichterstattung eine so schwerwiegende Rolle, dass jedes von dort stammende Foto zwangsläufig als Symbol oder Metapher verstanden wird.

Der Nahe Osten ruft weltweit einzigartige Assoziationen hervor, die allerdings höchst zwiespältig sind, da sie zum Großteil von dem abhängen, was die Menschen glauben. Drei der größten monotheistischen Weltreligionen – Islam, Judentum und Christentum – wurden im Nahen Osten begründet. Ihre jeweiligen Religionsstifter lebten und starben hier. Deshalb ist die Region emotional aufgeladen, ohne dass ihre geographischen Eigenschaften eine große Rolle spielen. Dass Mekka eine Oasenstadt in der westarabischen Wüste ist oder Bethlehem in die felsigen Hügel und Olivenhaine Judäas eingebettet liegt, ist gemessen an ihrer Bedeutung als Geburtsstätte von Muhammad beziehungsweise Jesus unbedeutend.

Die Symbolkraft des Nahen Ostens zeigte sich bereits auf den frühesten Fotos aus der Region, die in den 1850er Jahren von John Beasley Greene, Auguste Salzmann und anderen aufgenommenen wurden. Diese Bilder wirkten schon damals so stark, weil sie Ansichten des Nil, römischer Ruinen und religiöser Stätten in Jerusalem in visuelle Metaphern verwandelt hatten, die uns die Vergangenheit nahe brachten. Hingegen zeigen in diesem Buch viele zeitgenössische Fotos aus Nahost vorwiegend Symbole der Zerstörung, so wie Sisse Brimbergs Bild eines brennenden Ölfelds ein Jahr nach Ende des Golfkriegs 1991.

In historischen wie neuen Fotografien aus dem Nahen Osten verdichten sich Ort, Zeit, Menschen und Ereignisse zu einer Symbol- und Metaphersammlung, die jeder Betrachter für sich selbst mit Bedeutung füllt. Bemerkenswert ist, dass beispielsweise das Foto der Ruinen des Jupitertempels im libanesischen Baalbek von Maynard Owen Williams gestern, heute, morgen oder vor Jahrhunderten aufgenommen worden sein könnte. Dasselbe gilt – abgesehen von der Farbigkeit – für das Bild von Anne Keiser, das einen Juden an der Klagemauer in Jerusalem zeigt.

In der westlichen Welt ist über den heutigen Nahen Osten und seine uralten arabischen, türkischen und persischen Kulturen nur wenig bekannt. Das gesellschaftliche Leben in diesen Ländern bleibt Außenstehenden meist verschlossen.

Katar, das als vergleichsweise offen gilt, stellt erst seit 1989 Touristenvisa aus. Von den relativ wenigen westlichen Besuchern in dieser Region beherrschen noch weniger eine der dort gesprochenen Sprachen oder bemühen sich darum, deren Geschichte oder bedeutenden Beiträge zur Weltkultur zu verstehen.

Nur Israel, dessen Regierungs- und Gesellschaftsstrukturen größtenteils aus dem Westen importiert worden sind und dessen Geschichte als moderner Staat lediglich 50 Jahre zurückreicht, zieht neben den Juden, Christen und Muslimen aus aller Welt, die hier ihre heiligen Stätten besuchen, auch viele nichtreligiöse Touristen an.

Auf Grund der sprachlichen und kulturellen Barrieren lässt sich kaum sagen, was die Durchschnittsbevölkerung des Nahen Ostens über die Geschichte und Kultur ihrer Region weiß oder welche Bedeutung sie den hier veröffentlichten Fotos aus Kuwait, Israel, Saudi-Arabien, Jordanien, dem Libanon, der Türkei, dem Iran, den Vereinigten Arabischen Emiraten, dem Irak, Palästina und Katar beimessen würde. Vermutlich wäre ihre Reaktion geprägt durch die künstlerischen Traditionen des Islam, die die Darstellung von Menschen ablehnen. Sicher ist jedoch, dass die westliche Kultur vielfach als Bedrohung ihrer herkömmlichen Lebensweise und ihres überwiegend islamischen Glaubens empfunden wird. Konkret wird jedes von Außenstehenden aufgenommene Foto mit dem gleichen Misstrauen betrachtet, das in den Augen der Cepni-Frauen auf Randy Olsons Foto aus dem türkischen Salpazari zu erkennen ist.

Diese kulturellen Faktoren können für Fotografen zum gravierenden Problem werden. NATIONAL GEOGRAPHIC ist eine der wenigen auflagenstarken amerikanischen Publikationen, die seit Jahrzehnten ein beständiges Interesse am Nahen Osten gezeigt haben. Doch obwohl unsere Fotografen diese Region jahrzehntelang dokumentiert haben, ist es erst in jüngerer Zeit gelungen, unseren Lesern einen tieferen Einblick in das Leben der dort ansässigen Menschen zu vermitteln.

Rezas Fotos der Großen Moschee in Mekka oder der um ein Lagerfeuer versammelten Beduinenführer zeigen ebenso wie Robb Kendricks Aufnahme einer katarischen Mutter mit ihrer Tochter, welche Entwicklung die NATIONAL GEOGRAPHIC-Fotografie hinsichtlich Inhalt, Bildqualität und Sensibilität gegenüber den jeweiligen Kulturen vollzogen hat.

An diesen Fotos lässt sich erkennen, wie schwierig es ist, in derart geschichtsüberfrachteten und durch Politik sowie Religion polarisierten Gegenden überhaupt zu fotografieren. Die Absichten des Fotografen sind stets den unterschiedlichen Wahrnehmungen des Betrachters unterworfen. Für einen westlichen Menschen symbolisiert das verschleierte Gesicht der Frau aus Katar auf Kendricks Bild möglicherweise eine von Unterdrückung geprägte Haltung gegenüber Frauen. Ein muslimischer Betrachter hingegen interpretiert ihr Gewand und das verhüllte Gesicht vielleicht als Zeichen der Frömmigkeit und des Anstands. Ihm bereitet eher die Tatsache Unbehagen, dass sie überhaupt fotografiert worden ist.

Die Tochter kokettiert mit der Kamera wie Kinder überall auf der Welt. Doch kein Kind wächst in einem Vakuum auf. Es lernt von Eltern und Altersgenossen, aus Lebensumständen und gesellschaftlichen Gegebenheiten. Obwohl das Klischee, Kinder seien unsere Hoffnung für die Zukunft, weltweit verbreitet ist, ließe sich das Anfang des 21. Jahrhunderts in Nahost aufgenommene Bild eines Mädchens und seiner Mutter je nach Standpunkt des Betrachters als Sinnbild für zwei diametral entgegengesetzte Hoffnungen interpretieren: die Hoffnung auf Wandel und die Hoffnung auf Beständigkeit.

Ob und wie dieser Widerspruch gelöst werden sollte oder könnte, hängt davon ab, woran die Menschen glauben. Doch bis auf weiteres herrscht im Nahen Osten Zwist, ungeachtet der Tatsache, dass Islam, Judentum und Christentum die Tötung Unschuldiger gleichermaßen verdammen. Auch in anderer Hinsicht weisen die drei Religionen Gemeinsamkeiten auf. Alle blicken sie in die Vergangenheit, um der Gegenwart und Zukunft Sinn zu verleihen. Alle verheißen Belohnungen in diesem und dem folgenden Leben, wenn sich die Gläubigen strikt an die jeweiligen Glaubensgrundsätze halten. Selbst die versprochene Belohnung sieht ähnlich aus: Eine engere Beziehung zum höchsten Wesen, die dem Einzelnen erlaubt, Gesicht, Geist und Herz des Schöpfers zu erkennen, also Teil des Göttlichen zu werden und bis in alle Ewigkeit im Paradies zu leben.

Das in der Wüste bei Petra entstandene Blumenfoto von Annie Griffiths Belt könnte man als poetische Metapher für Frieden, Schönheit und die Kraft der Natur interpretieren. Wir können sie aber auch als Erinnerung daran verstehen, dass wir Menschen den einzig bekannten Garten des Universums bewohnen. Wenn hier der Friede nicht gedeiht, wie können wir uns dann irgendwo sonst Belohnung erhoffen? Aber einer solchen Bedeutungslast wäre kein Bild gewachsen.

Vorherige Seiten: Alexandra Boulat, 2003. Ein Sandsturm in Bagdad behindert den Vormarsch der von den USA angeführten Truppen während der Invasion des Irak.

Links: Annie Griffiths Belt, 1997. Die Ruinen von Palmyra in der syrischen Wüste. Einst zählte die Stadt zu den prächtigsten des Römischen Reichs.

Reza, 2003. Beduinische Stammesführer versammeln sich im Zelt eines bedeutenden Scheichs in Saudi-Arabien um ein Feuer.

ANNIE GRIFFITHS BELT, 2004. PANORAMA JERUSALEMS MIT DEM FELSENDOM UND DER GRABESKIRCHE.

Anne Keiser, 2001. Ein Jude in Jerusalem vor einem Abschnitt der Klagemauer, die als Teil des von König Salomon im Jahr 970 v. Chr. erbauten Tempels gilt. Bereits seit dem Mittelalter kommen Juden an diesen Ort, um die Eroberung der Stadt und die Zerstörung des Tempels zu beklagen.

VORHERIGE SEITEN: K. YAMASHITA, DATUM UNBEKANNT. HEISSE QUELLEN UND KALKSINTERTERRASSEN IN PAMUKKALE, TÜRKEI.

LINKS: ROBB KENDRICK, 2003. SCHEICH SAUD AL-THANI, EHEMALIGER VORSITZENDER DES RATS FÜR KULTUR UND KUNST VON KATAR.

OBEN LINKS: MICHAEL YAMASHITA, 2001. BLICK AUF DIE LEHMMAUERN, DIE DIE MITTELALTERLICHE ZITADELLE VON BAM, IRAN, UMGEBEN. DIE ZITADELLE WURDE IM DEZEMBER 2003 DURCH EIN ERDBEBEN ZERSTÖRT.

OBEN RECHTS: MAYNARD OWEN WILLIAMS, 1927. RUINEN DES JUPITERTEMPELS, AUFGENOMMEN UNWEIT DES BACCHUSTEMPELS IN BAALBEK, DAS DAMALS IN SYRIEN LAG UND HEUTE ZUM LIBANON GEHÖRT.

STEVE MCCURRY, 2000. FRAUEN MIT STROHHÜTEN IN EINEM KLEEFELD IM JEMEN.

Reza, 2004. Feuerwerk am Strand anlässlich des Feiertags Eid Al-Fitr, mit dem die Fastenzeit des Ramadan zu Ende geht. Dschidda, Saudi-Arabien.

MAYNARD OWEN WILLIAMS, 1911. TÜRKISCHE FISCHER TRAGEN IHRE NETZE ZU DEN BOOTEN.

Vorherige Seiten: REZA, 2001. Jedes Jahr werfen sich Millionen Muslime während ihres *Hadsch* (Wallfahrt) in der grossen Moschee von Mekka zum Gebet nieder.

Rechts: Robb Kendrick, 2003. Mutter mit Tochter zu Hause in Katar.

OBEN: PETER ESSIK, 2001. DER INBEGRIFF VON REICHTUM UND LUXUS: DAS HOTEL BURJ AL ARABH IN DUBAI, VEREINIGTE ARABISCHE EMIRATE.

UNTEN: RANDY OLSON, 2002. IN WEITEN TEILEN DES NAHEN OSTENS BEGEGNET MAN AUSWÄRTIGEN FOTOGRAFEN MIT DEM GLEICHEN MISSTRAUEN WIE DIESE FRAUEN VOM VOLK DER CEPNI IN SALPAZARI, TÜRKEI.

188

George Steinmetz, 2005. Rub al-Chali („Leeres Viertel“), Saudi-Arabien. Eine der grössten Sandwüsten und eine der trockensten Regionen der Erde.

5 MITTEL- UND OSTEUROPA

192

VORHERIGE SEITE OBEN: STEVE RAYMER, 1993. WINTER VOR NEOKLASSIZISTISCHER KULISSE IN SANKT PETERSBURG, RUSSLAND.

UNTEN: STEVE RAYMER, 1993. SPAZIERGÄNGER UND EIN MALER IM PALASTGARTEN VON SANKT PETERSBURG. ZUR BEWEGTEN GESCHICHTE DER STADT IM 20. JAHRHUNDERT GEHÖRT AUCH EIN NAMENSWECHSEL.

MITTEL- UND OSTEUROPA

Der Eindruck von einem Ort – ob unmittelbar oder durch Bilder gewonnen – kann trügerisch sein. Der Fluss, der aus einem Moorsee entspringt, entpuppt sich als Konstrukt von Menschenhand. Dunkle, fruchtbare Erde ist mit Umweltgiften verseucht. Ein von Leben sprühender, städtischer Platz im warmen Abendlicht wird nach Einbruch der Nacht zum Niemandsland. Die Postkartenidylle eines österreichischen Bergdorfs lässt nicht erahnen, dass hier bereits in der Eisenzeit eine keltische Siedlung stand, deren Wohlstand auf einer Salzmine gründete.

Diese Kluft zwischen der sichtbaren Oberfläche eines Ortes und den darunter liegenden Schichten von zeitgenössischem Leben, Geschichte und Kultur gibt es in gewissem Maße überall. Doch nirgendwo klafft sie so weit auseinander wie in Mittel- und Osteuropa. Ob man sich selbst in der Region aufhält oder nur Fotos der vielfältigen und oft wunderbaren Landschaften betrachtet: Den Augenschein darf man nur selten für bare Münze nehmen.

Als Journalist, der über die deutsche Wiedervereinigung im Jahr 1990 berichtete, fragte ich einmal den Bürgermeister eines ostdeutschen Dorfs, ob der Zusammenbruch des kommunistischen Systems das bedeutendste Ereignis in der Geschichte des Ortes sei. Nein, erwiderte er, das sei die Belagerung durch die Schweden gewesen. Dann schilderte er mir in den lebhaftesten Farben, dass einige Dorfbewohner ermordet und ausgeraubt worden seien, andere sich mit ihrem Hab und Gut in den Wäldern versteckt hielten, als die schwedischen Truppen unter König Gustav Adolf im Dreißigjährigen Krieg (1618–48) den Ort einnahmen. Aus dem Mund des Bürgermeisters klang es so, als wäre das gerade ein paar Tage her.

Da Krieg, soziale Unruhen und politische Instabilität in der Region eine lange Tradition haben, hört man in den Städten, Dörfern und Gehöften von der russischen Steppe bis zu den Tiroler Alpen auch heute noch ganz ähnliche Geschichten über die entbehrungsreiche Vergangenheit. Ein zentrales Thema ist dabei stets das kollektive Gefühl, das bestimmte Orte und insbesondere Landschaften auslösen. Ob der Geschichtenerzähler Serbe, Sorbe oder Sachse ist: Das Bild der heimatlichen Landschaft spielt für die Identität des Einzelnen eine wesentliche Rolle.

Nirgendwo sonst fand die Bedeutung, die der Mensch Landschaften und Landschaftsdarstellungen beimisst, auf so großartige, aber auch so verheerende Weise Niederschlag wie in Mittel- und Osteuropa. Die Schönheit der Berge, Wälder,

Ebenen und Gewässer dieser Region bot Inspiration für einige der größten Werke der bildenden Kunst, Literatur und Musik. Doch dieselben Landschaften wurden von Politikern und Propagandisten zur Stärkung nationalistischer Gefühle und Bewegungen missbraucht. Die daraus hervorgegangenen Nationalstaaten waren letztlich für die Ermordung und Vertreibung von Millionen von Menschen im vergangenen Jahrhundert verantwortlich.

Diese „Verbundenheit mit der Scholle" rührt allerdings eher von den Vorstellungen und Gefühlen her, die die Menschen auf die Landschaft ihrer Heimat projizieren, als von der jeweiligen konkreten Beschaffenheit eines Landstrichs. Künstler wie Politiker profitieren von dieser emotionalen Verknüpfung der äußeren Reize einer Landschaft mit ihren breiten metaphorischen Möglichkeiten. Landschaftsbilder sind auf der ganzen Welt das beliebteste Genre der bildenden Kunst. Bei ihrer Betrachtung fühlen sich viele Menschen mit etwas verbunden, das größer und dauerhafter ist als sie selbst – sei es mit etwas Göttlichem oder einer kollektiven Vision von Heim und Herd. In jedem Fall rufen diese Bilder starke Gefühle hervor.

Doch Landschaften – ob reale oder abgebildete – erwidern unsere Gefühle nicht. Gäbe es keine Grenzmarkierungen, die uns verraten, wo Deutschland endet und Frankreich, Polen, Österreich, die Schweiz, Dänemark, die Niederlande oder Belgien beginnt, wäre die Landschaft des einen Landes nicht von der des anderen zu unterscheiden. Trotzdem haben Millionen von Menschen für das deutsche Vaterland, für Mütterchen Russland, für Großserbien oder sonst ein genau umrissenes und beanspruchtes Gebiet ihr Leben gelassen.

Dem gegenüber steht die Position Leo Tolstois, der schrieb: «Land gehört zu gleichen Teilen der ganzen Menschheit, deshalb kann es nicht das Eigentum einzelner sein.» Ein anderer mitteleuropäischer Schriftsteller und Philosoph namens Karl Marx dachte hinsichtlich Eigentum und Grundbesitz ganz ähnlich.

Dass diese Ansichten über den geographischen Raum in Mittel- und Osteuropa entstanden sind, verwundert nicht. Schein und Wirklichkeit tanzten dort schon lange vor der Erfindung der Fotografie einen seltsam distanzierten Pas de deux. Tolstoi hat oft in Jasnaja Poljana, dem weitläufigen russischen Landgut seiner Familie, geschrieben. Marx wiederum brachte seine Gedanken im Großstadtschmutz des Londoner Nordens, fernab seiner Heimat, zu Papier.

Natürlich kann der Betrachter die Fotos in diesem Kapitel nach rein ästhetischen Gesichtspunkten beurteilen und die

Bildschärfe, die Farbgebung sowie die gewissenhafte Komposition bewundern. Oder er sieht sie als hochwertige Touristenfotos, die die Schönheit der Alpen, die Beschaulichkeit von Tolstois Lieblingsweg in Jasnaja Poljana oder den Charme von Kindern in alter hessischer Tracht festhalten.

Einige dieser Fotos wie Gerd Ludwigs Aufnahme des Roten Platzes in Moskau oder Ed Kashis Foto von den auffliegenden Pelikanen im rumänischen Biosphärenreservat Rosca-Letea sind von universellem Reiz. James P. Blairs Bild des Bergs Triglav im slowenischen Vratatal zeigt eine klassische Landschaft, jene Art von Szenerie, die an ein Gemälde von Albrecht Altdorfer erinnert, einen der Hauptvertreter der altdeutschen Malerei (Donauschule) im 16. Jahrhundert. Sonnenschein, ein Tal in voller Blüte, schroffe, felsige Berge im Hintergrund – auf dem Bild ist alles enthalten, was man sich von seiner Heimat wünscht: Heiterkeit, Schönheit, Sicherheit und Verlässlichkeit, all dies von zeitloser Beständigkeit.

Auf dem Foto eines Porträtfotografen, der 1947 in der Altstadt von Warschau auf Kunden wartet, sieht man ein ähnliches Tal auf Leinwand gemalt. Hinter dieser Imitation einer Landschaft erstrecken sich ein fahler Himmel und die Ruinen der Stadt, die nach dem Warschauer Aufstand im Jahr 1944 auf Befehl von Adolf Hitler zerstört wurde. An dem Gemälde ist ein viereckiges weißes Tuch befestigt, einer nackten Mauer gleich, an dem der Fotograf lehnt. Dieses Foto ist ein vielschichtiges und subtiles Porträt des Künstlers, der Stadt und der Gesellschaft, die Tod und Verwüstung überlebt haben – ob sich der Fotograf dessen bewusst war oder nicht.

Man könnte eine solche Szene als längst vergangene Historie abtun. Doch Ed Kashis Bild von einer Frau, die durch die von Gewehr- und Artilleriefeuer gezeichneten Straßen eines kroatischen Ortes geht, legt einen anderen Schluss nahe. Gehören religiöse und ethnische Konflikte, nationalistische Hetze und autoritäre Regimes in Mittel- und Osteuropa wirklich der Vergangenheit an? Bringen Demokratie und Marktwirtschaft der Region wirklich Frieden, Stabilität und Wohlstand? Manchmal liegt es weder am Ort noch am Bild, dass der Eindruck trügt. Sondern an uns selbst.

198

VORHERIGE SEITEN: ALEXANDRA AVAKIAN, 1998. DIE FASSADE DES 1532 ERBAUTEN RUMÄNISCH-ORTHODOXEN KLOSTERS MOLDOVITA. DIE WANDGEMÄLDE STELLEN EREIGNISSE AUS DER RUMÄNISCHEN GESCHICHTE DAR.

RECHTS: BOB KRIST, 2004. EINE FRAU IN EINEM KAFFEEHAUS IN SALZBURG. EIN GROSSER TEIL DES GESELLSCHAFTSLEBENS IN MITTELEUROPA SPIELTE SICH IN CAFÉS AB. AUCH HEUTE TRIFFT MAN SICH DORT GERN.

VINCENT J. MUSI, 2001. SPIELENDE KINDER AUF EINER STRASSE. HALBINSEL ISTRIEN, KROATIEN.

Vorherige Seiten: George F. Mobley, 2004. Pferdekutsche im verschneiten Bayern.

Links: Ed Kashi, 2002. Auffliegende Rosapelikane am Roscasee, Rumänien. Im dortigen Biosphärenreservat liegt die grösste Rosapelikankolonie Europas.

OBEN LINKS: W. ROBERT MOORE, 1937. MALERISCHER BLICK AUF DAS ÖSTERREICHISCHE HALLSTATT. HIER STAND BEREITS IN DER EISENZEIT EINE KELTISCHE SIEDLUNG, DEREN WOHLSTAND AUF DEM NAHEN SALZBERG GRÜNDETE.

OBEN RECHTS: IFF VON THREE LIONS, 1947. EIN EINSAMER PORTRÄTFOTOGRAF IN DER VOM KRIEG ZERSTÖRTEN ALTSTADT VON WARSCHAU. VOR DEN RUINEN HAT ER SEINEN EIGENEN LANDSCHAFTSHINTERGRUND AUFGEBAUT.

Ed Kashi, 2002. Eine Frau in einem vom Krieg verwüsteten Ort in Kroatien.

G, 1997. DER ROTE PLATZ
RUSSLAND.

Hessische Trachten.
Auf der Gänseweide.

Oben: Sammlung Charles Harris Phelps, 1878–1882. Kinder in Schwälmer Tracht, einer der vielen hessischen Trachten.

Unten: James L. Stanfield, 1992. Bienenstöcke aus der Zeit um 1900 in einem ethnografischen Museum in Roznov, Tschechische Republik.

VORHERIGE SEITEN: JOHN EASTCOTT UND YVA MOMATIUK, 1987. KATARÍNA MISUROVÁ AUS PÁRNICA, SLOWAKEI, HIELT SICH ZUR ZEIT DES KOMMUNISMUS WIE VIELE LANDBEWOHNER ETWAS VIEH FÜR DEN EIGENBEDARF.

RECHTS: SAMMLUNG CHARLES HARRIS PHELPS, 1878–1882. SCHLOSS LICHTENSTEIN IN DER SCHWÄBISCHEN ALB IN SÜDDEUTSCHLAND.

АННА
СВ. КНѦЗЬ БОРИСЪ
СВ. КНѦЗЬ ГЛѢБЪ

STEVE RAYMER, 1993. KOSTBARE MOSAIKEN AN DER AUFERSTEHUNGS-KIRCHE IN SANKT PETERSBURG, ERBAUT AN DER STELLE, WO ZAR ALEXANDER II. IM JAHR 1881 BEI EINEM ATTENTAT ERMORDET WURDE.

RANDY OLSON, 2002. WOLKEN ÜBER DEM KAUKASUS IN RUSSLAND.

DAS BILD DER HEIMAT SPIELT FÜR DIE

IDENTITÄT EINE WESENTLICHE ROLLE.

JAMES P. BLAIR, 1973. DIE NORDWAND DES TRIGLAV, DER 2864 METER HOCH ÜBER DEM SLOWENISCHEN VRATATAL AUFRAGT, IST EIN KLASSISCHES LANDSCHAFTSBILD IM STIL DER GEMÄLDE DES DEUTSCHEN MALERS ALBRECHT ALTDORFER.

Raymond Gehman, 1992. Bialowieza, Polen. Für die meisten Menschen hat die Heimat nicht nur eine geographische, sondern auch eine persönliche Bedeutung. Hier finden oft die entscheidenden Momente eines Lebens statt – die Hochzeit zum Beispiel.

LINKS: TOMASZ TOMASZEWSKI, 2001. EINE ROMAFAMILIE AUF EINEM KARREN IN BUZESCU, RUMÄNIEN.

FOLGENDE SEITEN: ALEXANDRA AVAKIAN, 1998. DAS NEBELVERHANGENE SCHLOSS VON VLAD DRACULA IN DER WALACHEI, RUMÄNIEN.

6 NORDEUROPA

Vorherige Seite oben: Sisse Brimberg, 1998. Menschen baden im warmen Wasser der Blauen Lagune, einer geothermischen Mineralquelle, die zu den beliebtesten Attraktionen Islands zählt.

Unten: Mattias Klum, 2001. Natur als Wirtschaftsfaktor: Bäume, in geraden Reihen dicht gepflanzt wie hier in Schweden, sind typisch für die nordeuropäische Forstwirtschaft.

NORDEUROPA

Auf einen westlichen Betrachter wirken die Fotografien aus Nordeuropa in diesem Buch vertraut wie Bilder aus einem Familienalbum. Ein Gefühl, das in den starken historischen und kulturellen Banden zwischen dieser Region und dem Rest der Welt, insbesondere Nordamerika, wurzelt. Millionen US-Amerikaner haben britische, irische oder skandinavische Vorfahren. Viele haben das Land ihrer Väter besucht – sei es Irland, Island, Schottland oder Schweden –, unzählige Fotografien gesehen und viele Geschichten darüber gehört.

Solche engen Verbindungen scheinen fast schon zu garantieren, dass Fotografien aus Nordeuropa einen banalen Anstrich haben. Für die hier gezeigten gilt das jedoch nicht, denn kollektive Vertrautheit kann auch den Weg zur Intimität ebnen. Das heißt nicht, dass jedes Foto aus dieser Region automatisch eine tiefe Bedeutung birgt. Doch die mögliche Intimität versetzt begabte Fotografen in die Lage, Wesentliches im Prosaischen zu erkennen und Bilder zu schaffen, die Einsichten auf mehreren Ebenen vermitteln.

Manche der Fotografen kannten die entsprechenden Orte Nordeuropas kaum oder gar nicht, bevor sie dort für NATIONAL GEOGRAPHIC zu arbeiten begannen. Doch in einem umfassenderen Sinn waren sie Insider. Aufgewachsen in einer Kultur, die der nordeuropäischen entspricht, kannten sie deren Geschichte und beherrschten fließend deren visuelle Sprache. Dieses Wissen erlaubte es ihnen, ihre Motive gründlicher zu erforschen. So zeigen ihre Bilder nicht nur, wie bestimmte Orte in Finnland, Schweden, Schottland, Wales, England, Irland oder Island zu einem bestimmten Zeitpunkt ausgesehen haben, sondern leuchten aus, welche Bedeutung die westliche Gesellschaft bestimmten Plätzen und ihrer Darstellung beimisst.

Hinter jeder Aufnahme in diesem Buch steht eine Interaktion von Ort, Zeit, Licht, Chemikalien und dem Fotografen – nicht anders als 1839, als William Henry Fox Talbot die fotografische Technik des Negativ-Positiv-Verfahrens erfand, das noch heute weit verbreitet ist. Talbots frühe Arbeiten, Aufnahmen von seinem Familiensitz im englischen Lacock Abbey und der dortigen Umgebung, zeigen die Wirksamkeit dieser Methode sowie seine Stellung in der englischen Gesellschaft.

Talbot entstammte dem Landadel und reiste viel. Der hochgebildete Mann verfügte über profunde Kenntnisse in der Kunst und Kunstgeschichte einschließlich der europäischen Maltradition. Seine ästhetische Sensibilität zeigt sich in der

Linearperspektive, dem lyrischen Zusammenspiel von Licht und Schatten sowie der sorgfältigen Komposition seiner Arbeiten. Diese Fotografien sind Kunst: mit der Kamera gemalte klassische Gemälde oder direkt aus dem Leben gegriffene Skizzen. Dass Talbot Fotografie als Kunstform begriff, zeigt auch der Titel seines 1844 erschienen Buches „The Pencil of Nature – Zeichenstift der Natur", des allerersten Werkes, das mit fotografischen Illustrationen versehenen war.

Schon lange vor Talbots Erfindung der Fotografie war das ländliche Anwesen ein beliebtes Motiv der englischen Landschaftsmalerei. Die Herrenhäuser waren in palladianischer Tradition gestaltet. Hier wurde Kunst zur bewohnbaren Architektur. Nun vermittelte Talbot mit seiner Kamera dem Betrachter, was für ein liebliches Gefühl es war, als Herr des Hauses in einem solchen Anwesen zu leben und den Blick nach draußen schweifen zu lassen.

Sam Abell sieht den Hampton Court Palace und den Privy Garden von einer anderen Warte aus, ganz konkret und im übertragenen Sinn. Seine bemerkenswerte Fotografie wurde von einem erhöht liegenden Pfad am Ende des eleganten Gartens aus gemacht. Sie weist scheinbar alle Kennzeichen einer traditionellen Landschaftsaufnahme auf: einen erhöhten Standpunkt des Betrachters, einen distanzierten Blickwinkel, eine symmetrische Komposition, ein Motiv in der Mitte, umrahmt von Natur, Grüntöne im Vorder- und Blau im Hintergrund.

Zwar spiegeln Bildaufbau und Motivwahl Abells subtile Ästhetik und sein historisches Wissen wider, doch man sieht auch, dass er im Gegensatz zu Talbot nicht aus den adligen Kreisen stammt. Abell späht von außen in diese von Gärtnern in eine vorbestimmte Form gezwungene Landschaft aus Sträuchern, Blumen, Rasen und Kies. So ein Garten belegt nicht zuletzt, dass sein Besitzer über die nötigen Mittel verfügt, ein riesiges Londoner Grundstück für seine privaten Zwecke mit einer Mauer abzugrenzen und sich damit von der Masse abzuheben.

Obwohl Abell mit seiner Fotografie, mit ihrer Komposition und Farbgebung, Talbot und der Tradition der Landschaftsdarstellung in der westlichen Kunst huldigt, unterwandert er gleichzeitig feinsinnig die sozialen, wirtschaftlichen und politischen Fundamente derselben. Hier blickt ein Außenstehender auf das süße Leben. Palast und Gartenanlagen wurden optisch verkleinert zwischen die Bäume im Vordergrund und die dunklen Wolken am Horizont gequetscht. Die Schattenseite eines solchen Ortes wird sichtbar gemacht, über die der schottische Moralphilosoph und Begründer der

Nationalökonomie Adam Smith (1723–1790) in seinem Traktat „Theorie der ethischen Gefühle" schrieb: «Und so ist ‹Vorrang›, jener große Zankapfel, der die Frauen der Ratsherren entzweit, der Endzweck der Hälfte aller Mühe und Arbeit des menschlichen Lebens und ist die Ursache all des Treibens und Lärmens, all der räuberischen Gewalttätigkeit und Ungerechtigkeit, welche die Habsucht und der Ehrgeiz in die Welt gebracht haben.»

Dieses Vormachtstreben trug seinen Teil zur Einführung einer einheitlichen Weltzeit bei. Denn letztlich bewegte der Druck kommerzieller Interessen in der Schifffahrt und bei der Eisenbahn den amerikanischen Präsidenten Chester A. Arthur dazu, Delegierte aus 25 Ländern im Oktober 1884 zur „Prime Meridian Conference" nach Washington, D. C., einzuladen. Dort wurde festgelegt, dass der Nullmeridian durch die Sternwarte von Greenwich bei London verläuft und die 24-stündige Zeiteinteilung rund um den Globus um Mitternacht dort ihren Anfang nimmt.

Den zwischen Kopfsteinpflaster einzementierten Messingstreifen, der diesen Nullmeridian markiert, hätte Bruce Dale auf vielerlei Weise fotografieren können, um uns den urbanen Kontext nahe zu bringen: das geschäftige London mit seinen Doppeldeckerbussen, auf denen, wie auf dem Foto von Jodi Cobb, der letzte modische Schrei angepriesen wird. Oder aber er hätte den historischen Charakter der Sternwarte betonen können. Statt dessen machte er eine Aufnahme, die buchstäblich jeder künstlerischen und fotojournalistischen Bildkonvention Hohn spricht. Es gibt keinen Horizont, die Farbgebung ist beinahe monochrom, von den Menschen sieht man nur Schatten – und einer davon zeigt auf den Meridian. Dale konzentriert sich ganz auf diese Linie, die sich quer durchs Bild zieht wie eine Eisenbahnschiene.

In Greenwich bildet die flüchtige Ordnung von Ort und Zeit eine Linie in Richtung Unendlichkeit. Tag für Tag folgen wir ihr auf der Suche nach unserem Platz im grenzenlosen Universum. Wenn wir Glück haben, finden wir ein gutes Plätzchen, zumindest für eine Weile. Selbst wenn wir nicht für immer dort bleiben können, haben wir doch die Möglichkeit, es uns auszumalen – in der Phantasie oder mit Hilfe einer Fotografie –, bis das Licht schwindet, um einem neuen Tag Platz zu machen.

Vorherige Seiten: Jim Richardson, 1996. St. Mary's Cathedral und die georgianischen Reihenhäuser des Viertels in der schottischen Hauptstadt Edinburgh scheinen im Sonnenlicht zu glühen.

Links: Annie Griffiths Belt, 2004. Ein mit Heidekraut bewachsener Hang im Lake-District-Nationalpark, Cumbria, England.

THE BLUE BULL
PÁIRC NA SAILEACH
T66
PARKNASILLA 2
E BULL Restaurant
Neidín
27
KENMARE
km
An Gleann Garbh
54
GLENGARRIFF
PARKNASILLA
GREAT SOUTHERN HOTEL

Gail Mooney, 1995. Ein blauer Stierkopf wacht über die Wegweiser und ein Restaurant in Irland.

PIZZERIA
RESTAURANG
Flodins
ramar
TAX FREE
GIOVANNI
SKOR
GIOVANNI

Glasscafé Kåkbrinken
TRIUMF GLASS
NYBAKADE STRUTAR

VORHERIGE SEITEN: BOB KRIST, 1997. GESCHÄFTE UND CAFÉS SÄUMEN DIE STRASSEN IN GAMLA STAN, DEM STADTZENTRUM VON STOCKHOLM.

LINKS: SISSE BRIMBERG, 2000. DAS ALTHING IM THINGVELLIR-NATIONALPARK, SEIT 930 JÄHRLICHER TREFFPUNKT DER VOLKSVERTRETER ISLANDS.

Oben links: A. B. Wilse, 1935. Der Bandaksee in Telemark, Norwegen.

Oben rechts: A. B. Wilse, 1939. Heu, das auf Gestellen aus Stangen und Draht trocknet, Norwegen.

BEGABTE FOTOGRAFEN ERKENNEN

WESENTLICHES IM PROSAISCHEN.

Farrell Grehan, 1983. Eine steinerne Grabanlage in Capel Garmon bei Betws-Y-Coed, Wales.

AL PETTEWAY, 2000. HINTER DER KLEINEN TÜR EINES STEINERNEN GRABS LIEGT DER FRIEDHOF. INVERNESS, SCHOTTLAND.

OBEN: BRUCE DALE, 1989. DIE AUFNAHME DES MESSINGSTREIFENS, DER DEN NULLMERIDIAN IN GREENWICH MARKIERT, SETZT SICH ÜBER JEDE KÜNSTLERISCHE UND FOTOJOURNALISTISCHE BILDKONVENTION HINWEG.

UNTEN: VINCENT J. MUSI, 2001. URSPRÜNGLICH EINE KOHLENGRUBE, HEUTE EIN BELIEBTES MUSEUM: BIG PIT IN BLAENAVON, WALES, ZEIGT, WIE DIE WIRTSCHAFT DEN CHARAKTER EINES ORTES VERÄNDERN KANN.

Vorherige Seiten: Joel Sartore, 2004. Schaf und Lamm am schottischen Ben Nevis, Grossbritanniens höchster Berg.

Links: Jodi Cobb, 2004. Schirm und auffälliger Doppeldecker-Bus – das kann nur London sein.

JIM RICHARDSON, 1995. DAS ALLJÄHRLICHE BRAW LADS GATHERING,
EIN VOLKSFEST MIT REITERPARADE IM SCHOTTISCHEN GALASHIELS.

THE TOPICAL PRESS AGENCY, LTD., 1932. TEE ÜBER DER THEMSE: LONDONER DAMEN BEIM PICKNICK AUF DEM DACH DES ADELAIDE HOUSE, WO DAMALS NICHT NUR EIN OBST- UND BLUMENGARTEN, SONDERN AUCH EIN 18-LOCH-GOLFPLATZ ANGELEGT WAR.

THE ST. KILDA, PARLIAMENT.
G.W.W.

FRANS LANTING, 1996. DIE ALTE FOTOGRAFIE ZEIGT DIE VOGELFÄNGER VON ST. KILDA, WO SICH GROSSBRITANNIENS GRÖSSTE PAPAGEITAUCHER-KOLONIE BEFINDET.

Vincent J. Musi, 2000. Auf diesem Foto der Stadt Machynlleth in Wales scheinen die grauen Wolken und der walisische Schiefer des Kirchturms miteinander zu verschmelzen.

THE AGA SHOP

Links: Pritt Vesilind, 1988. Scheiterhaufen aus Fischerbooten: So wurden einst die Geister der Toten gen Himmel geschickt. Museumsinsel Seurasaari, Finnland.

Folgende Seiten: Sam Abell, 2004. Hampton Court bei London.

7 WEST- UND SÜDEUROPA

272

Vorherige Seite oben: Joanna B. Pinneo, 1994. Stierrennen in Pamplona: Europas Geschichte, Schönheit und Kultur dienen nicht nur als Postkartenmotive, sondern sind Fakten des Alltags.

Unten: William Albert Allard, 2001. Gegenwart, Kunst und Geschichte verschmelzen in dieser Aufnahme vom Schattenriss eines Gondoliere auf einer venezianischen Mauer. Venedig, Italien.

WEST- UND SÜDEUROPA

Auch wenn hier auf meinem Grundstück in Maryland Schnee liegt, sitze ich zusammen mit Claude Monet auf der sonnigen Terrasse eines Häuschens mitten im dichten Ufergrün am französischen Canal du Nivernais. Es spielt keine Rolle, dass der impressionistische Künstler schon lange tot ist und mich ein Meer und zwei Jahreszeiten vom französischen Sommer trennen. Dank Anne Keisers Fotografie dieses efeubewachsenen Häuschens sitze ich mitten in einem Monet-Gemälde auf einem weißen schmiedeeisernen Stuhl am Wasser.

Jedesmal wenn ich mir ihre Aufnahme ansehe, zieht mich dieses kunstvolle Gartenmöbel in seinen Bann. Der Stuhl ist, was der französische Schriftsteller Roland Barthes in seinem Buch „Die helle Kammer" das Schlüsselelement einer Fotografie nannte, ein «Detail, das heißt ein Teil des Abgebildeten, ... das besticht».

Der Stuhl öffnet einen imaginären Raum, den ich mit meinem Wunsch fülle, dort zu sitzen. Ich genieße einen sonnigen Sommertag in Frankreich, indem ich in diesem Kunstwerk Platz nehme. Da es sich um Burgund handelt, stelle ich mir außerdem eine köstliche Mahlzeit mit einer Flasche Vosne-Romanée dazu vor.

In einem umfassenderen kulturellen Sinn ist Keisers Bild ein Musterbeispiel für die Unmittelbarkeit, die den Fotografien in NATIONAL GEOGRAPHIC eine so nachhaltige Wirkung verleiht. Bei der Betrachtung dieser Aufnahme hat man das Gefühl, gleichzeitig im Bild zu sein und neben der Fotografin zu stehen, während sie auf den Auslöser drückt.

Dieses Gefühl des Beteiligtseins geht auf die fotojournalistische Sichtweise zurück, bei der der Schwerpunkt auf möglichst aussagekräftigen Bildern liegt. NATIONAL GEOGRAPHIC hat diese Methode seit der Gründung mit wechselndem Erfolg praktiziert. In den vergangenen 30 Jahren haben die Aufnahmen im Magazin enorm an visueller und sozio-politischer Präsenz gewonnen. Die Bilder in NATIONAL GEOGRAPHIC beweisen, dass Fotojournalismus manchmal auch als Kunstform gelten kann.

Künstlerische Landschaftsaufnahmen sind eine heikle Sache, vor allem wenn es sich um französische Landschaften handelt, die in der Kunstgeschichte eine herausragende Position besetzen. Denn sobald ein Ort als Fotografie erscheint, macht er einen Wandel durch. Die dreidimensionale Welt verliert eine Dimension, die verbleibenden beiden werden radikal reduziert. Die lebendigen Farben der Wirklichkeit werden auf einem von Chemikalien durchtränkten Papier nachgeahmt und fixiert. Aus einem einzigartigen, unverrückbaren Ort wird einer, der beliebig oft in Büchern, Zeitschriften oder auf Postkarten reproduziert werden kann. So verkommt ein Ort leicht zum kommerziellen Klischee.

Da West- und Südeuropa seit Jahrhunderten auf verschiedenste Weise dargestellt werden, sind Stereotype kaum zu vermeiden. Ein strenger Kritiker könnte auch Keisers Foto als klischeehaften Abklatsch impressionistischer Landschaftsmalerei betrachten. Er hielte es vielleicht für unoriginell, für oberflächlichen Zuckerguss bar jeder gesellschaftlich bedeutsamen Aussage, geschaffen für denselben bürgerlichen Massenmarkt, der mit dem Kauf von Monet-Plakaten in Museumsshops auf der ganzen Welt die Umsätze ankurbelt.

Darauf erwidere ich: Willkommen in Frankreich. Aber jetzt runter von meiner Terrasse.

Wiederholungen gehörten schon immer zur Kunst. Wenn wir Landschaftsfotos allein deshalb verschmähen, weil sie schön sind oder an Gemälde erinnern, hat unsere Kultur ein Problem. Und die fehlende soziopolitische Aussage? Nun, jede Darstellung verhüllt mehr, als sie zeigt. Kein Bild ist eine hundertprozentige Wiedergabe der Realität. Hinter den Bäumen auf Keisers Foto könnte eine Zementfabrik stehen, auch wenn ich das bezweifle. Doch indem sie die zweifellos vorhandene Schönheit entdecken und ablichten, zeigen Keiser und die anderen Fotografen in diesem Kapitel eine grundlegende Wahrheit über West- und Südeuropa auf. Es ist eine Wiege der westlichen Kultur. Seine Vergangenheit ist ein untrennbarer und augenfälliger Bestandteil seiner Gegenwart und Zukunft. Und es ist oft pittoresk.

Wenn man in Europa lebt, sind Geschichte, Schönheit und Kultur des Kontinents nicht nur Postkartenmotive, sondern sie gehören zum Alltag. Jeden Juli trampeln Stiere durch die Straßen von Pamplona. Täglich eilen Tausende von Menschen am römischen Aquädukt in Segovia oder am Pariser Place des Vosges vorbei, ohne mehr als einen beiläufigen Blick darauf zu werfen.

Doch selbst der übersättigtste Europäer wird zugeben, dass das Leben in manchen Augenblicken zur Kunst wird. Auf James L. Stanfields Foto von Segovia (im Vorspann auf Seite 14/15) verwandelt das Licht eines regnerischen Abends die Pfützen auf dem grauen Pflaster in leuchtende Sprenkel. Zwischen den alten Bögen des Viadukts tanzen gold, gelb, grün und blau schimmernde Reflexe. Doch alte Steine allein machen aus einem Ort noch nichts Besonderes. Dazu braucht es Licht, Luft, pulsierendes Leben und die Fähigkeit eines Menschen, diese Atmosphäre wahrzunehmen und einzufangen.

Schon weil der Place des Vosges ein wunderschöner, lebendiger Platz ist, gibt es unzählige Bilder von ihm. Aber William Albert Allards Aufnahme zeigt kein Klischee. Aus den Baumschatten heraus verwandelt er den Park in einen langen, sich in der Ferne verlierenden Streifen voll städtischer Fröhlichkeit. Die Komposition erinnert an Georges Seurats Gemälde „Ein Sonntagnachmittag auf der Insel La Grande Jatte“. Ob Allard bewusst damit spielte, ist nicht wichtig. Sein Bild ist originell und fesselnd.

George Steinmetz' Foto eines Werbeplakats in Mailand hat auf den ersten Blick nichts mit Hochkultur oder Historie gemeinsam. Die Reklame wurde kreiert, um etwas zu verkaufen. Doch indem Steinmetz sie aus der Entfernung in der Dämmerung fotografierte, hat er die ursprüngliche Aussage verändert. Die Oberleitungen der Straßenbahn zerschneiden das Bild, gleichzeitig stehen sie für Kommunikation und Spannung, typische Merkmale des Mailänder Lebens. So dient dieses Werbeplakat dazu – wie einst in der Renaissance die Schutzheiligen und antiken Götter auf den Stadtplänen spitzfindiger Kartografen –, etwas von der sozialen Topografie dieses Ortes zu vermitteln. Kunst reflektiert das Leben, das Leben reflektiert die Kunst. Das ist nichts Neues. Aber es ist so.

Ich hingegen habe mich auf meiner französischen Terrasse von allen soziopolitischen Ansprüchen verabschiedet. Im Augenblick versenke ich mich in das Bild mit meinem Lieblingsstuhl. Wie Monet einst sagte: «Die Menschen reden über meine Kunst und behaupten, sie zu verstehen, als ob es nötig wäre zu verstehen, wo lieben reicht.» Danke, Claude. Noch ein Gläschen Burgunder?

Vorherige Seiten: Jodi Cobb, 2004. Die Badeinsel auf dem Thuner See scheint in der Luft zu schweben. Schweiz.

Links: Hans Hildenbrand, 1928. Im italienischen Genua hängt die Wäsche zum Trocknen quer über der Strasse.

Anne Keiser, 2001. Ein Häuschen am französischen Canal du Nivernais. «Die Menschen reden über meine Kunst und behaupten, sie zu verstehen, als ob es nötig wäre zu verstehen, wo lieben reicht.» (Claude Monet)

Vorherige Seiten: Mark Segal, 1999. Casa Milà *(La Pedrera,* Steinbruch). Gebäude von Antoni Gaudí in Barcelona, Spanien.

Links: Jules Gervais-Courtellemont, um 1925. Frankreich.

William Albert Allard, 2003. Menschen auf den Bänken am Place des Vosges. Aus dem Baumschatten heraus betrachtet sieht der Park aus wie ein langer, sich in der Ferne verlierender Streifen mit Silhouetten, die sich im Sonnenlicht abzeichnen. Die Komposition erinnert an Georges Seurats Gemälde „Ein Sonntagnachmittag auf der Insel La Grande Jatte“.

Europas Geschichte, Schönheit und

KULTUR SIND FAKTEN DES ALLTAGS.

John Cancalosi, 2000. Europäische Weissstörche nisten auf einem Kamin in Spanien.

W. Robert Moore, 1936. Im Hafen von Honfleur verrotten alte Boote. Normandie, Frankreich.

HO92

Charles O'Rear, 1989. Die mit Planzenmotiven bemalte Hausfassade bildet für die Frau im Fenster einen schönen Rahmen. Lissabon, Portugal.

VORHERIGE SEITEN: SISSE BRIMBERG, 2001. FLOWER POWER IM NIEDERLÄNDISCHEN KEUKENHOF: EIN MANN ZWISCHEN SECHS MILLIONEN TULPEN.

RECHTS: JODI COBB, 2001. BLICK AUF DIE BERNER ALPEN, SCHWEIZ.

Justin Locke, 1956. Baskisches Fest in Bayonne im Département Pyrénées-Atlantiques, Aquitanien, Frankreich.

300

CARSTEN PETER, 2002. DIE LICHTER VON CATANIA BEI EINEM AUSBRUCH DES ÄTNA. PIANO DEL LAGO, SIZILIEN, ITALIEN.

85
LPI
FALCONE
CHI VOTA PER ME VOTA PER SE
RIVERA
MI B58862

George Steinmetz, 1992. Eine Werbetafel ragt über einer Mailänder Strasse im angesagten Stadtteil Brera auf. Italien.

304

BOB KRIST, 1999. EINE LANDSTRASSE IN DER TOSKANA WIRD IM LICHT DES NACHMITTAGS ZU EINEM MAGISCHEN TEPPICH, GEWEBT AUS GOLD UND SCHATTEN.

Links: James L. Stanfield, 2000. Ein blumenbekränzter Stier in Agia Paraskevi auf der Insel Lesbos, Griechenland.

Folgende Seiten: Joanna B. Pinneo, 1995. Haus eines baskischen Schäfers.

HATSHPSUT
RESTAURANT
ALABASTER FACTORY

8 NORDAFRIKA

Landschaftsfotografie – Genres, die sich aus der europäischen Landschaftsmalerei entwickelt haben. So machten die Fotografen ihre Bilder zum Beispiel oft von einem erhöhten Standpunkt aus, einer aus der traditionellen Landschaftsmalerei bekannten Perspektive. Sie arbeiteten morgens und abends, da die tief stehende Sonne zu diesen Tageszeiten die Formen der Wüste weicher und ihre Farben intensiver wirken lässt.

Das Ergebnis ist eine von der Wüste diktierte Hybridform der Fotografie, eine kraftvolle Mischung aus Kunst, Fotojournalismus, Dokumentation und Geheimnis: Bilder, auf denen die Wüste in ihrer überirdischen Kraft und Schönheit erstrahlt. Aus der Luft sehen die Karawanen aus wie Ameisenstraßen auf dem Mars.

Auch das, was auf diesen Fotos fehlt, sagt viel über die Region aus: Wasser, das auf Fotografien westlicher Landschaften oft abgebildet ist. Doch durch die Sahara fließen nur die Ströme Nil und Niger, Lebensgrundlage eines Großteils der Wüstenbewohner. Die dramatische Spannung, die entsteht, weil unsere Augen bewusst oder unbewusst nach Wasser suchen, beschreibt der französische Schriftsteller, Pilot und Abenteurer Antoine de Saint-Exupéry in seinem Buch „Der kleine Prinz“: «Es macht die Wüste schön, dass sie irgendwo einen Brunnen birgt.»

Aber nicht nur das Fehlen von Wasser fällt auf. Wir stoßen in diesem Kapitel auch nirgends auf das vertraute Netz von Elektrizitäts-, Telefon- und Fernsehkabeln, Straßen und Schienen, das sonst fast überall ganz selbstverständlich zu unserem Leben gehört. Natürlich gibt es diese Kommunikations- und Verkehrsverbindungen auch in der Sahara, doch sie bleiben Außenstehenden verborgen. Auf dem Foto von George Steinmetz sieht man Karawanen, die über eine eintönige Sandebene in Richtung Bilma, eine Stadt in Niger, ziehen beziehungsweise sich von ihr entfernen. Der Betrachter geht davon aus, dass Menschen und Kamele wissen, wohin es geht, dass sie uralten Routen mit Markierungen und Koordinaten folgen. Denn sonst würden sie angesichts der gnadenlosen, verwirrenden Natur dieser Region in den sicheren Tod ziehen.

Diese Wege werden nicht nur von Menschen und Lasttieren genutzt. Vielmehr sind sie seit Jahrhunderten die Adern, die Kultur, Geschichte und Lebensart der nomadischen Wüstenbewohner transportieren. Wie die Wüste, in der sie leben, scheinen auch die Nomaden gut gerüstet, dem Eindringen der globalen Kultur zu trotzen. Sie beweisen, dass es möglich ist, ohne Elektrizität und in Harmonie mit der Natur zu leben.

Was würde ein Wüstenbewohner von diesen Bildern aus seiner Heimat halten? Ich weiß es nicht, aber ich vermute, nicht besonders viel. Die meisten von ihnen sind Muslime, und im Islam wird Bildern, die nicht im direkten Zusammenhang mit dem Glauben stehen, wenig Wert beigemessen. Ihren Sinn für Ästhetik drücken die Menschen hier vornehmlich in Textilien – Teppichen, Decken und Kleidung – aus. An einer Zeltwand lässt sich eben schlecht ein Bild aufhängen, und jeder überflüssige Gegenstand stellt ein Transportproblem dar. Wer braucht schon Bilder, wenn er jederzeit aus dem Zelteingang in eine der beeindruckendsten Landschaften der Erde hinaustreten kann?

Die Größe und Schönheit der Wüste lässt von Menschenhand geschaffene Wunderwerke winzig erscheinen. Jules Gervais-Courtellemont hat die Pyramiden von Giseh bei schwachem Licht aus so großer Entfernung fotografiert, dass sie verschwindend klein wirken. Die schön geschwungene Uferlinie der Wasserstelle im Vordergrund, in der sich die Spitze der einen Pyramide spiegelt, und die dunklen, nach oben strebenden Palmenstämme bilden einen geometrischen Kontrapunkt zu den pharaonischen Pyramiden. Die monumentalen Grabstätten wirken aus der Ferne wie ordentlich aufgeschichtete Kieshaufen. Mit diesem Bild erinnert uns Gervais-Courtellemont daran, dass zwischen diesen Weltwundern Menschen leben und dass die großartigsten Bauwerke angesichts der Weite des Himmels bedeutungslos sind.

Antoine de Saint-Exupéry empfand eines Nachts in der Sahara ganz ähnlich: «Beim Erwachen sah ich nichts als das tiefe Becken des Nachthimmels, denn ich lag mit ausgebreiteten Armen rücklings auf einem Dünengrat und sah ins Sternengewimmel. Ich war mir damals noch nicht so recht klar, wie tief dieses Meer ist, und so fasste mich der Schwindel, als ich es plötzlich entdeckte. Ich fand keine Wurzel, an die ich mich klammern konnte, und kein Dach und kein Zweig waren zwischen diesem Abgrund und mir. Ich war schon losgelöst und begann hineinzufallen wie ein Taucher ins Meer.»

Vorherige Seiten: Kenneth Garret, 1995. Geschäftiges Treiben auf einem Marktplatz im ägyptischen Saccara.

Links: Georg Gerster, 1982. Schattenplätzchen: ausgewaschene Felsreste des ehemaligen Meeresbodens bei Farafra, Ägypten.

BRUNO BARBEY, 1996. BESUCHER BEI IHREN WASCHUNGEN AN EINEM INNENHOF-BRUNNEN IN FÈS, MAROKKO.

MEDFORD TAYLOR, 1993. TRAUBENPFLÜCKER AUF MADEIRA, PORTUGAL. DIE INSEL IST FÜR IHREN WEIN BERÜHMT.

FOLGENDE SEITEN: GEORGE STEINMETZ, 2001. BECKEN ZUR SALZGEWINNUNG DURCH VERDUNSTUNG IN TEGUIDDA-N-TESSOUMT, NIGER.

KENNETH GARRETT, 1993. IN SACCARA, ÄGYPTEN, FÜHRT EIN MANN SEIN SCHWER BELADENES LASTTIER EINE STRASSE ENTLANG.

ES MACHT DIE WÜSTE SCHÖN, DASS

GEORGE STEINMETZ, 1997. REISENDE AUF KAMELEN UND IHRE FÜHRER ZIEHEN AUF ALTEN KARAWANEN-ROUTEN DURCH DIE MAURETANISCHE WÜSTE. DIE EXOTISCHE SCHÖNHEIT UND DAS EXTREME KLIMA DER SAHARA REIZEN ABENTEURER SEIT JEHER. IN DER WÜSTE SIND KAMELE BIS HEUTE EINS DER ZUVERLÄSSIGSTEN TRANSPORTMITTEL.

OBEN: JULES GERVAIS-COURTELLEMONT, 1926. VISUELLE POESIE: EINE AUTOCHROM-AUFNAHME DER PYRAMIDEN VON GISEH, DIE SICH IM WASSER SPIEGELN.

UNTEN: FOTOGRAF UND DATUM UNBEKANNT. TEMPEL VON LUXOR, ÄGYPTEN.

332

Carsten Peter, 2004. Ein Tuareg führt seine Kamele durch die Sahara.

VORHERIGE SEITEN: RANDY OLSON, 2002. EIN MANN VOM VOLK DER DINKA MIT SEINEM VIEH IM SUDAN.

LINKS: JAMES L. STANFIELD, 1990. GERBER UND IHRE IRDENEN FÄRBERBOTTICHE IM MAROKKANISCHEN FÈS.

Alexandra Boulat, 2004. Ein Berber besucht seine Grossmutter in Taarart, Marokko.

OBEN: SARAH LEEN, 2001. DIE URALTEN SÄULEN DER GROSSEN MOSCHEE IN DJENNÉ, MALIS HEILIGER STADT AM RAND DER SAHARA.

UNTEN: REZA, 2000. EIN FESTUNGSGLEICHER GETREIDESPEICHER IM LIBYSCHEN KABAW, ERBAUT IM 12. JAHRHUNDERT. IN SEINEN KAMMERN VERSTECKTEN DIE DORFBEWOHNER DAS KORN VOR PLÜNDERERN.

W. Robert Moore, 1938. Ein Ägypter blickt aus einem Laubengang.

Vorherige Seiten: Steve McCurry, 1986. Frauen in Tahoua, Niger. Die Hirsepflanzen wurden angebaut, um die Erosion einzudämmen.

Links: David Coulson, 1999. Die in eine Felswand geritzte Darstellung von Giraffen in der libyschen Wüste ist 7000 Jahre alt.

9 AFRIKA SÜDLICH DER SAHARA

Vorherige Seite oben: Skip Brown, 2001. Zebras und Gnus in der Serengeti, Tansania.

Unten: Chris Johns, 1997. Am Markttag in Lukulu, Sambia, sorgen Makishi-Tänzer für Aufsehen.

AFRIKA SÜDLICH DER SAHARA

Spielt es eine Rolle, woher der moderne Mensch stammt? Seit Jahrtausenden beschäftigen sich Philosophen, Naturwissenschaftler und gewöhnliche Menschen mit der Herkunft unserer Spezies. Das Interesse an unseren kollektiven Anfängen zieht sich durch alle Kulturen, Sprach- und geographischen Räume und hat verschiedene Vorstellungen über unsere Schöpfung hervorgebracht.

Viele Religionen führen unsere Abstammung auf Ureltern zurück, wie die biblischen Figuren Adam und Eva, die in einem irdischen Paradies lebten. 1987 grenzten Wissenschaftler der Universität von Berkeley diesen Raum näher ein. Sie verkündeten, die Untersuchung mitochondrischer DNA, die nur von weiblicher Seite weitervererbt wird, habe ergeben, dass alle heutigen Menschen von einer Frau abstammten, die vor rund 143 000 Jahren südlich der Sahara in Afrika gelebt hatte. An der Theorie von der „afrikanischen Eva“, wie man sie bald nannte, entzündeten sich sogleich hitzige Debatten.

Diese werden noch immer geführt. Manche Wissenschaftler schließen sich dieser Theorie an, andere verweisen auf Indizien, wonach der Mensch nicht allein in Afrika seinen Ursprung hat, sondern sich etwa zur selben Zeit in verschiedenen Regionen entwickelt und mit einer vormenschlichen Bevölkerung vermischt hat. Etliche religiöse Gruppen lehnen die Afrika-Theorie wie überhaupt die Darwinsche Evolutionslehre rigoros ab.

Dieses Buch will nicht die Frage nach der Herkunft des Menschen klären. Doch wenn wir einige der faszinierendsten Orte der Welt anhand von ausgewählten Fotografien aus den Archiven der National Geographic Society erkunden, beantwortet sich die Frage praktisch von selbst. Die ganze Welt, die wir hier sehen, ist unser Herkunftsort. Von dieser Warte aus betrachtet spielt es eigentlich keine Rolle, wo der *Homo sapiens* zuerst aufgetaucht ist oder ob er sich mit dem Neandertaler oder dem *Homo erectus* vermischt hat.

Allerdings weist durchaus einiges darauf hin, dass alle Menschen genetisch sehr eng miteinander verwandt sind und ein dominantes Erbmerkmal aller heute lebenden Menschen aus dem südlichen Afrika stammt. Schädel und Knochen des ersten bekannten *Homo sapiens* wurden 1966 am Fluss Omo im südlichen Äthiopien gefunden. Paläoanthropologischen Untersuchungen zufolge lebte der *Homo habilis,* der früheste Angehörige der Menschenfamilie, vor ungefähr 1,8 Millionen

Jahren in der Nähe der Olduvaischlucht in Tansania. Die Analyse der Knochen und der Werkzeuge dieser Hominiden legt den Schluss nahe, dass sie flexibel und anpassungsfähig waren sowie nomadisch lebten.

Diese Verhaltensmerkmale beweisen noch keine direkte Verbindung zur „afrikanischen Eva" oder sonst einer Urmutter. Doch sie entsprechen dem bekannten Muster der nomadischen Lebensweise, wie wir sie von frühester Geschichtsschreibung an bis heute kennen. Bis ein noch älterer und intelligenterer Vorfahre entdeckt wird, wollen wir uns also die Menschheit als eine große, wenn auch nicht immer glückliche Familie aus Afrika vorstellen und die Fotografien aus Ruanda, der Demokratischen Republik Kongo, Mauritius, Sambia, Südafrika, Äthiopien, Kenia, Simbabwe, Tansania, Kamerun, Eritrea und Botswana als Bilder unserer Urheimat.

Diese fraglos fesselnde Region war und ist Thema und Motiv zahlloser Schriften und Bilddarstellungen. Die Geschichte und Kultur der Völker im südlichen Teil Afrikas haben auf die Entwicklung der heutigen westlichen Welt wesentlichen Einfluss ausgeübt. Dies ist besonders erwähnenswert, weil die Europäer dort erst im 15. Jahrhundert auftauchten. Ethnografen und Archäologen begannen erst vor ungefähr 150 Jahren, sich ernsthaft mit Afrika zu befassen. Die bahnbrechenden Erkenntnisse über den Urspung des modernen Menschen stammen aus den letzten 50 Jahren.

Die National Geographic Society hat seit ihrer Gründung 1888 die Erforschung der Geschichte, der Geographie und der Kulturen Afrikas nachdrücklich unterstützt und durch ihr Magazin das Wissen darüber in der westlichen Welt verbreitet. Den Fotografen bot sich dort schon immer eine große Vielfalt an Motiven. Allerdings war diese Überfülle an postkartentauglichem Bildmaterial nicht unproblematisch. Jahrzehntelang konzentrierten sich die Fotoreportagen von NATIONAL GEOGRAPHIC auf die Schönheit von Land, Menschen und Natur. Die unerfreulichen Aspekte des dortigen Lebens wie Kolonialismus, Rassismus, Sklaverei, ökonomische Ausbeutung und politische Unterdrückung wurden nur flüchtig abgehandelt oder gänzlich ignoriert.

Trotz der universellen Anziehungskraft des herrlichen Sonnenuntergangs in der Serengeti oder der sich im Busch balgenden jungen Geparde sind diese Bilder nur kleine Ausschnitte aus dem Alltagsleben in der südlichen Hälfte Afrikas. Die Region ist ein Mikrokosmos der menschlichen Entwicklung von prähistorischer Zeit bis heute. Lehmhütten und

Jäger-und-Sammler-Kulturen existieren hier genauso wie eine Yuppiegesellschaft, die in großstädtischen Hochhäusern lebt. Außerdem herrscht in der Region große wirtschaftliche, politische und soziale Ungleichheit. Das Leben dort erscheint einem grausam fremdartig, wenn man Berichte über den Genozid in Ruanda, den Bürgerkrieg im Sudan oder die grassierenden Aids-Epidemien liest. Robert Caputos Foto von der eritreischen Frau vor dem Feld mit den Panzerwracks, die vom 30-jährigen Krieg des Landes gegen Äthiopien übrig geblieben sind, oder seine Aufnahme der mit Passagieren überladenen Boote, die drei Tage lang auf einer Sandbank im Kongo festsaßen, lassen die Nöte des dortigen Alltags erahnen.

Dennoch leben die Menschen dort nicht so viel anders als im Rest der Welt. Grausamkeit, Krankheit und Verzweiflung gibt es überall. Ebenso kann man viele afrikanische Traditionen auch anderswo finden, beispielsweise die Körperkunst, die viele Afrikaner in der einen oder anderen Weise pflegen. Gibt es raffiniert geflochtene Frisuren *(cornrows),* Piercings und in mehreren Lagen getragene Halsketten nur in Afrika südlich der Sahara? Keineswegs – ähnliche Moden sieht man mittlerweile in Paris, Moskau, Los Angeles oder Tokio. Seit Jahrtausenden sind afrikanische Künstler bestrebt, die Geschichte ihres Volkes, ihr Leben, das zuweilen harten äußeren Bedingungen unterliegt, ihre Hoffnungen, Ängste, Mythen und Rituale darzustellen. Genau wie Künstler überall auf der Welt.

Nichts von alledem kann beweisen, dass der moderne Mensch von einer Frau aus dem südlichen Afrika abstammt. Doch die menschliche Spezies lebt zweifellos lange genug dort, um sie als ihre Heimat zu betrachten. Es drängt sich die Frage auf, was eine afrikanische oder biblische Eva oder sonst eine Urmutter des Menschengeschlechts ihren vielen Nachkommen heute zu sagen hätte. Wahrscheinlich das Gleiche, was Mütter überall sagen: «Wascht euch, esst auf, hört auf zu streiten, geht schlafen. Morgen ist ein neuer Tag.» Vielleicht kommt es im Grunde nur darauf an: nicht woher wir kommen, sondern wo wir jetzt sind und wohin wir gehen.

Vorherige Seiten: Bobby Model, 2001. Der Bergsteiger Justin Haigler steht in einer Eishöhle an der Nordwand des Mount Kenia.

Links: Michael Nichols, 2003. Die nebelverhangenen Regenwälder der Virungaberge in Ruanda gehören zu den letzten verbliebenen Lebensräumen der Berggorillas.

Fabby K. J. Nielen, 1984. Die Schnitzereien am Königspalast in Bandjoun, Kamerun, stellen frühere Königsgeschlechter und ihre Bediensteten dar.

FRANS LANTING, 1995. KROKODIL IN BOTSWANA.

MANGBETU

OBEN: ROBERTO CAPUTO, 1991. DIE SCHIFFE SASSEN DREI TAGE LANG AUF DEM KONGO FEST. DEMOKRATISCHE REPUBLIK KONGO.

UNTEN: MELVILLE CHATER, 1930. ZULU MIT UNGEWÖHNLICHEM KOPFSCHMUCK ZIEHEN WÄHREND DES APARTHEID-REGIMES RIKSCHAS MIT WEISSEN KUNDEN. DURBAN, SÜDAFRIKA.

VORHERIGE SEITEN: ANUP UND MANOJ SHAH, 2003. STEPPENZEBRAS (*EQUUS BURCHELLI*) WÄHREND DER JÄHRLICHEN MIGRATION IN KENIA.

LINKS: CHRIS JOHNS, 1997. WILDWASSERFAHRER KENTERN AUF DEM SAMBESI IN DER NÄHE DER VIKTORIAFÄLLE, SIMBABWE.

OBEN LINKS: ROBERT CAPUTO, 1991. EINBÄUME LEGEN AN EINEM SCHIFF AUF DEM KONGO AN. DEMOKRATISCHE REPUBLIK KONGO.

OBEN RECHTS: JOHN CANCALOSI, 2000. AFRIKANERINNEN VOR EINER STROHGEDECKTEN HÜTTE IN SHANGANI, SIMBABWE.

KANN PROBLEMATISCH SEIN.

FOR ALL

TOMASZ TOMASZEWSKI, 2004. EIN MANN STEIGT AUS EINEM MIT PORTRÄTS GESCHMÜCKTEN TRANSPORTER. JOHANNESBURG, SÜDAFRIKA.

372

Jodi Cobb, 1998. Ein Stammesangehöriger mit Gesichtsbemalung bereitet sich im äthiopischen Omotal auf einen rituellen Tanz vor.

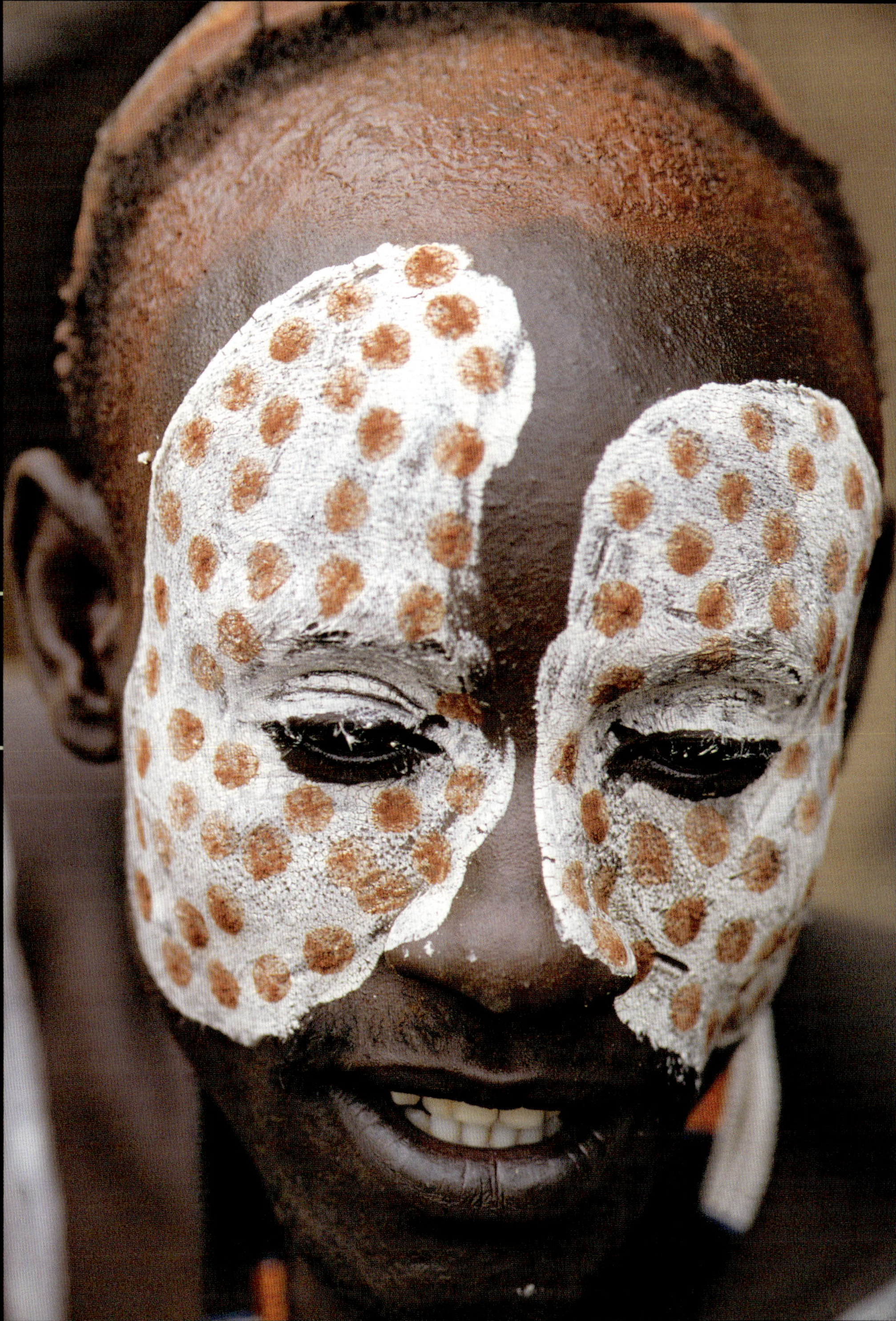

Links: Joseph Rodriguez, 1993. Auf Zuckerrohrfeldern aufgehäuftes Vulkangestein. Mauritius.

Folgende Seiten: Stuart Franklin, 2000. Mineralische Ablagerungen am Natronsee im Norden Tansanias.

CHRIS JOHNS, 1999. 14 MONATE ALTE GEPARDENJUNGE SPIELEN IM HOHEN GRAS IN BOTSWANA.

OBEN: ROBERT CAPUTO, 1996. EINE ERITREERIN GEHT AN PANZERN VORBEI, DIE WÄHREND DES 30 JAHRE DAUERNDEN KRIEGES ZERSTÖRT WURDEN, IN DEM IHR LAND UM UNABHÄNGIGKEIT VON ÄTHIOPIEN KÄMPFTE.

UNTEN: CAROL BECKWITH UND ANGELA FISHER, 1999. DIE FRISCH BEMALTE PFORTE EINES NDEBELE-HAUSES IN SÜDAFRIKA.

MICHAEL MELFORD, 1995. FOTOSAFARI IM CHOBE-NATIONALPARK IN BOTSWANA.

Steve McCurry, 1996. Viktorianische Umkleidekabinen am Saint James Beach. Kapstadt, Südafrika.

STORE
6
5
4

George F. Mobley, 1982. Akazien bei Sonnenuntergang im Serengeti-Nationalpark, Tansania.

Jenins
Freistaat Bayern
Landeshauptstadt
München
Gonsenderf
DEER CREEK
OAKVILLE, ONTARIO
Springfield Mo.
MISSOURI
PORT ARTHUR
TEXAS
VICTORIA
BEAULIEU
MILFORD
WILLSBORO
4533 MI
Annaheim
PULASKI
VA.
SAUK RAPIDS
MN
CITY LIMIT
CAMROSE
CORPORATE LIMIT
Santa Monica
CITY LIMIT
ENTERING
Midvale
HUEYTOWN
OVIEDO
CITY LIMIT
GLENVIEW
CARTHAGE
MISSOURI
Wheaton
DELAFIELD
SUMMIT
ARAB
Näfels
Gemeinde
Gröbenzell
Gollonville
1964 & 1984
CARAVAN-159
KG-YP 23
KAR
K 370
LL-RY 73
W-AY 931
BARRIE
Sangudo
Pfaffhausen
THREE RIVERS
OLIV
BOYLE

OUI
BASKETBALL

10 NORDAMERIKA

VORHERIGE SEITE OBEN: RICHARD OLSENIUS, 2001. IN WATSON LAKE IM KANADISCHEN YUKON-TERRITORIUM HABEN REISENDE AM ALCAN-HIGHWAY, DER ALASKA UND KANADA VERBINDET, EINEN SCHILDERWALD ERRICHTET.

UNTEN: MAGGIE STEBER, 1997. EIN JUNGE VOR EINER HAUSWAND IM KANADISCHEN MONTREAL. DAS AUF DIE WAND GEMALTE *«OUI»* IST DIE AUFFORDERUNG, QUEBECS UNABHÄNGIGKEITSBESTREBUNGEN ZU BEJAHEN.

NORDAMERIKA

Die Fotografen von NATIONAL GEOGRAPHIC sind an vielen Orten zu Hause. Ihr beruflicher Heimathafen ist Washington, D. C., wo die National Geographic Society ansässig ist. Deshalb wohnen etliche von ihnen in dieser Stadt oder der näheren Umgebung, auch wenn die Heimat für sie vermutlich stets der Ort bleiben wird, wo sie aufgewachsen sind. In einem umfassenderen Sinn sind sie jedoch in der in Nordamerika vorherrschenden westlichen Kultur zu Hause.

Es hat für einen Fotografen Vor- und Nachteile, in einem Kulturraum heimisch zu sein. Die meisten Aufnahmen in diesem Kapitel stammen von Bürgern der Vereinigten Staaten oder Kanadas, die mit der gesellschaftlichen, politischen und wirtschaftlichen Lage ihrer Länder vertraut sind. Dadurch schleppen sie allerdings auch ein kulturelles Wissen mit sich herum, das eine Fotografie überfrachten kann.

Da die meisten Betrachter dieser Bilder in Nordamerika leben oder schon einmal dort gewesen sind, haben sie manche der abgelichteten Orte – sei es Manhattan oder das Monument Valley – selbst besucht. Zumindest aber haben sie eine vorgefasste Meinung, wie eine Fotografie davon auszusehen hat. Die Mehrzahl der Leser von NATIONAL GEOGRAPHIC hat unzählige Abbildungen der nordamerikanischen Sehenswürdigkeiten in Zeitschriften, Büchern oder Filmen gesehen, oft aus der Hand von Meistern ihres Fachs wie Alfred Stieglitz, Carleton Watkins und Ansel Adams.

Dieser beachtlichen Konkurrenz müssen sich die NATIONAL GEOGRAPHIC-Fotografen stellen, auch wenn es gar nicht ihr Hauptanliegen war, Fotokunstwerke zu schaffen. Aber sonst könnte irgendein Leser ihre Fotos betrachten und sagen: «Na und? Sieht doch genauso aus wie der Schnappschuss, den ich damals in San Francisco gemacht habe.»

Das mag durchaus zutreffen. Doch es gibt einen entscheidenden Unterschied. In fremden Regionen sind die Fotografen von NATIONAL GEOGRAPHIC als Beobachter und Entdecker unterwegs, in Nordamerika hingegen nehmen sie auch die Funktion des Vermittlers wahr. Indem sie einen Ort mit Hilfe ihrer Kamera erforschen und dabei ihr feines Gespür für die heimische Kultur, vor allem für deren ästhetische Traditionen, einsetzen, erklären sie den Einwohnern – und sich selbst – mit ihren Arbeiten den Kontinent.

Keiner anderen Publikation ist dies auf so hohem Niveau gelungen. Seit Anfang der 1970er Jahre haben die Fotografen von NATIONAL GEOGRAPHIC in Nordamerika Kunst, Fotojournalismus und landestypische Fotografie miteinander verquickt. Angesichts des Fotos der am New Yorker Times Square vorbeifahrenden Marineangehörigen reichen die Assoziationen von Rembrandts „Nachtwache" bis zu Sinclair Lewis, Cindy Sherman, Fast Food und Hiphop. In dem Bild steckt eine gewisse Genialität.

Die hier gezeigten Bilder sind nur ein winziger Ausschnitt der im Archiv der National Geographic Society lagernden Bestände von mehr als zehn Millionen Fotos. Sie erheben nicht den Anspruch, die Geschichte Amerikas vollständig widerzuspiegeln. Aber sie vermitteln eine Ahnung von der Weite und den unterschiedlichen geographischen Gegebenheiten des Kontinents, vom rastlosen zeitgenössischen Leben in Nordamerika.

So schwelgen Maria Stenzels Aufnahme von den schneebedeckten Adirondack Mountains und Skip Browns Bild eines Windsurfers an einem Strand in Oregon geradezu in der Landschaft. Andere wie Jim Brandenburgs Fotografie der Nordamerikanischen Nelkenwurz im Präriegras Minnesotas oder die von Vincent J. Musi fotografierte grelle Neonreklame der Route 66 in Kingman, Arizona, fangen Details ein, die für die amerikanische Kultur von großer Bedeutung sind.

Prärien zum Beispiel erstrecken sich von Kanada bis nach Mexiko, vom Westen Indianas bis an die Ausläufer der Rocky Mountains über mehr als 3,5 Millionen Quadratkilometer. Einst boten diese endlosen Weiten riesigen Bisonherden, Wapitihirschen und anderem Rotwild Nahrung. Inzwischen wird dieses Land fast ausschließlich als Ackerland genutzt. Brandenburgs zarte Blumen stehen für ein gigantisches Ökosystem, das inzwischen zerstört ist.

Musis Motelaufnahme führt in einen anderen kulturellen Kontext: den der wehmütigen Erinnerung der Amerikaner an ihre jüngste Vergangenheit *on the road.* Ohne auch nur einen Millimeter Asphalt zu zeigen, erweckt er damit eine Ikone der amerikanischen Kultur zum Leben. Zwar wurde der Route 66, die einst von Chicago nach Los Angeles führte, 1985 der Status der Nationalstraße abgesprochen. Ihr Mythos blieb davon jedoch unberührt.

Nicht Los Angeles lockte die Menschen auf die *„mother road",* die Straße der Sehnsucht, wie John Steinbeck sie in seinem Meisterwerk „Früchte des Zorns" nannte. Es war das Glücks- und Heilsversprechen, das viele europäische Siedler in den „Goldenen Westen“ ziehen ließ, bis dort das Land knapp wurde oder sie das Glück verließ.

Auf diesem Treck veränderten sie die Landschaft. Sie vertrieben und dezimierten die indigenen Völker und asphaltierten die von Mokassins und Ponyhufen ausgetretenen Pfade. Schon lange bevor die Route 66 im Jahr 1926 ihren offiziellen Namen bekam, zogen Menschen hier entlang. Ein Teil des nördlichen Abschnitts zwischen Chicago und der Mündung des Missouri folgt dem Transportweg von Pére Jacques Marquette und Louis Joliet, die 1673 den Oberlauf des Stroms erforschten. Der Teil quer durch Missouri nach Fort Smith in Arkansas war ein alter Pfad der Osage-Indianer. Im Lauf der Jahre wurde der Highway dann integraler Bestandteil der Unterhaltungskultur. Besonders berühmt machte ihn 1946 Bobby Troup mit seinem Song „Get Your Kicks on Route 66“, der später noch von vielen anderen Popstars gesungen wurde.

Auch der Alcan-Highway, der den kanadischen Nordwesten mit Alaska verbindet, ist ein amerikanischer Mythos: der Inbegriff von Wildnis. Ob es hier tatsächlich noch unberührte Natur gibt oder nur eine relativ intakte Landschaft, sei dahingestellt. Doch die Vorstellung von Wildnis als Unterschlupf, Refugium, heilige Stätte oder auch als Ort, den es zu erobern und auszubeuten gilt, übt selbst heute noch einen starken Einfluss auf die amerikanische Kultur aus.

In Watson Lake im Yukon-Territorium begannen Reisende, am Alcan-Highway Schilder von ihren Heimatstädten aufzustellen, nachdem diese Straße im Zweiten Weltkrieg fertiggestellt worden war. Auf den ersten Blick wirkt das Bild des Schilderwalds von Richard Olsenius wie eine schlichte Dokumentation dieser Sitte. Doch die tief stehende Sonne und die langen dunklen Schatten laden es mit Bedeutung auf. Hier erinnern die dicht nebeneinander stehenden Pfosten an Grabsteine auf einem Friedhof aus vergangenen Zeiten. Sie gemahnen künftige Generationen an das, was war und was noch kommen wird.

Aber das sind Gedanken, die einem schon ein Schlagloch weiter weggerüttelt werden, ob auf dem Alcan-Highway, der Route 66 oder irgendeiner anderen Straße Nordamerikas. Wir scheinen ständig irgendwohin unterwegs zu sein. Auf unserem Weg sehen wir Habgier, Hässlichkeit, Banalitäten, durchsetzt mit frischer Energie, vergänglicher Schönheit und geistreicher Anmut. Mit etwas Glück führen uns die Straßen nach Hause. Unsere Fotos beweisen, dass wir die Fahrt überlebt haben.

Vorherige Seiten: Henry H. Holdsworth, 2003. Nebelschleier verhüllen ein Rudel weidender Wapitihirsche in einem Wildschutzgebiet südlich des Grand Teton National Park in Wyoming.

Links: John Fletcher und B. Anthony Stewart, 1949. Ein Mann am Fuss einer steilen Strasse, im Hintergrund liegen Fabriken. Es ist die Blütezeit der Stahlindustrie in Pittsburgh, Pennsylvania.

66
ROUTE

VINCENT J. MUSI, 1997. EIN MOTEL IN KINGMAN, ARIZONA, WECKT ERINNERUNGEN AN DIE ROUTE 66, DIE *„MOTHER ROAD“* AMERIKAS.

HAPPY
CANYON
PRINCESS

Vorherige Seiten: Steve Winter, 2003. Strandläufer auf ihrem Zug nach Süden. Bay of Fundy, Nova Scotia, Kanada.

Links: William Albert Allard, 1997. Indianer beim berühmten Pendleton Round-up Rodeo. Pendleton, Oregon.

DAVID DOUBILET, 1998. SCHNORCHLER IN DEN FLORIDA KEYS BESTAUNEN DIE UNTERWASSERWELT.

FOTOGRAFEN ERFORSCHEN EINEN ORT MIT

IHRER KAMERA UND FEINEM GESPÜR.

Norbert Rosing, 2001. Ein Puma äugt von einem hohen Felsen. Monument Valley Navajo Tribal Park, Arizona.

408

Jim Brandenburg, 1993. Nordamerikanische Nelkenwurz in der selten gewordenen Langgras-Prärie Minnesotas.

OBEN: SAM ABELL, 1988. EIN NEBELVERHANGENER SONNENAUFGANG IM RESTAURIERTEN SHAKER-DORF VON PLEASANT HILL, KENTUCKY.

UNTEN: SKIP BROWN, 2001. EIN WINDSURFER TRÄGT SEIN BRETT ÜBER DIE SANDDÜNEN AN EINEM STRAND IN OREGON.

MUSICAL
FRIDAY'S
FRIDAY'S
SONY

414

VORHERIGE SEITEN: THEO WESTENBERGER, 2000. AMERIKANISCHE MARINEANGEHÖRIGE AUF DEM DECK EINES ZWEISTÖCKIGEN BUSSES AM TIMES SQUARE IN NEW YORK.

RECHTS: STEPHEN ST. JOHN, 2000. SCHWIMMER VOR EINEM LADEN FÜR ANGLERBEDARF IN NEWCASTLE, MAINE.

WORMS
FOR
SALE

MEDFORD TAYLOR, 2003. FISCHER AUF EINEM KRABBENKUTTER IN ALABAMA.

MARIA STENZEL, 1998. DIE ADIRONDACK MOUNTAINS IM MÄRZ, BUNDESSTAAT NEW YORK.

OB ES TATSÄCHLICH NOCH UNBERÜHRTE

NATUR GIBT, SEI DAHINGESTELLT.

Diane Cook und Len Jenshel, 1999. Ein Cowboy hält in der Nähe des Escalante National Monument in Utah seine Herde zusammen.

Charles Kogod, 2004. Espenlaub färbt sich herbstlich, Rocky Mountains.

O'FARRELL, JONES
& HYDE
STREETS.

Joseph Baylor Roberts, 1954. Eins der berühmten Cable Cars in der Hyde Street, San Francisco, Kalifornien. Im Hintergrund die Gefängnisinsel Alcatraz.

75

PARTS AMERICA

428

VORHERIGE SEITEN: DAVID ALAN HARVEY, 1998. STOCK-CAR-AUTORENNEN.

RECHTS: SARAH LEEN, 2001. BISON IM TIEF VERSCHNEITEN YELLOWSTONE-NATIONALPARK.

Vorherige Seiten: Jim Richardson, 2001. Luftaufnahme des Columbia River in Britisch-Kolumbien, Kanada.

Links: Stephen St. John, 2004. Meeresgöttin und Blackbeard, der Pirat, beim Hummerfestival in Rockland, Maine.

11 MITTEL- UND SÜDAMERIKA

Vorherige Seite oben: George Grall, 2001. Unbekannte Nachtfalterart in Costa Rica. Drei Staaten dieser Region – Brasilien, Kolumbien und Mexiko – zählen zu den artenreichsten Ländern der Erde.

Unten: Frans Lanting, 1994. Ein fliegender Arakanga mit einer Spannweite von fast einem Meter im peruanischen Amazonasgebiet. Abholzung, Bergbau und Landwirtschaft bedrohen sein Habitat.

MITTEL- UND SÜDAMERIKA

Als Hiram Bingham am 24. Juli 1911 einen steilen Hang in den peruanischen Anden erklomm und Machu Picchu, die untergegangene Stadt der Inka, entdeckte, erhob er für sich und die Nachwelt Anspruch darauf. Diese Art persönlicher und öffentlicher Inbesitznahme verstärkte sich noch, als der junge Yale-Professor den Ort auf späteren, teilweise durch die National Geographic Society finanzierten Expeditionen wiederholt aufsuchte, um Hunderte von Fotos zu schießen – so wie Landvermesser ihre Pfosten einschlagen.

Viele dieser Aufnahmen wurden in der NATIONAL GEGRAPHIC-Ausgabe vom April 1913 veröffentlicht, die sich unter dem Titel „Wunderland Peru“ ausschließlich Binghams Berichten widmete. Seine Beschreibungen und Bilder machten Machu Picchu in aller Welt bekannt. Sie brachten Bingham Ruhm, Reichtum und Macht ein. Er profilierte sich als Stardozent und Autor. Später wurde er sogar Gouverneur von Connecticut und US-Senator.

Binghams Foto der Inkaruinen aus dem Jahr 1913 ist ein herausragendes Beispiel dafür, was für eine bedeutende Rolle die Fotografie spielt, wenn es um die Klärung von Besitzansprüchen auf außergewöhnliche Orte geht. Diese Fragen sind in Süd- und Mittelamerika sowie auf den Karibikinseln besonders brisant, da in den drei Regionen eine riesige Artenvielfalt herrscht.

Es sei auch daran erinnert, dass ein einheimischer Führer Bingham von den Ruinen erzählte und ihn fast bis dorthin begleitete. Als der Professor schweißüberströmt den Bergkamm erreichte, stieß er als Erstes auf Indianer, die ihm Quellwasser zu trinken reichten. Vor Ort stellte er fest, dass ein Teil der Terrassen gerodet und bepflanzt war. Die hier ansässigen Menschen hatten offenbar von den Ruinen gewusst, sich aber entschieden, ihr Wissen für sich zu behalten. Zweifellos hatte der Ort für sie nicht die gleiche Bedeutung wie für den großen, dünnen Amerikaner mit seinem Ehrgeiz, seinen Beziehungen und seiner Kamera.

Rechtlich gesehen gehört Machu Picchu dem peruanischen Staat. Trotzdem hat seit der Erstveröffentlichung von Binghams Fotos die symbolische Eigentümerschaft immer weitere Kreise gezogen. Viele Menschen glauben, Ansprüche auf den Ort zu haben, und wollen dies mit Fotos beweisen. Bei einem veröffentlichten Foto finden mehrere Inbesitznahmen statt. Zunächst hat jemand das Urheberrecht daran, gewöhnlich der Fotograf oder der Verlag. Der erste Besitzanspruch entsteht aus dem Aufwand, den es kostet, das Foto zu machen. Wird es abgedruckt, nimmt der Betrachter mit seinen Blicken Besitz davon. Dies kann sich auf die kurze Zeit des Umblätterns einer Zeitungsseite beschränken. Es kann aber auch länger dauern, etwa wenn der Betrachter ein Buch wie das vorliegende erwirbt. Dann kann er das Foto immer wieder ansehen und eine tiefere Beziehung dazu entwickeln. Der Rotaugen-Laubfrosch, den Michael Nichols in Brasilien fotografiert hat, ist dann nicht mehr nur eine anonyme Amphibie. Er gehört Ihnen. Sie können ihm sogar einen Namen geben.

Ein ähnlicher Prozess spielt sich auf der gesellschaftlichen Ebene ab. Menschen betrachten Bilder von einem Ort wie dem Regenwald am Amazonas und machen ihn sich bewusst oder unbewusst zu Eigen, indem sie ihn in den Kontext ihrer kulturellen Werte stellen. In der westlichen Welt sind Fotos aus Amazonien verknüpft mit unseren Vorstellungen von Grundbesitz, öffentlichem und privatem Raum, der Bedeutung der Natur für Wissenschaft, Bildung, Wirtschaft und Spiritualität sowie den Rechten der indigenen Völker.

Diese Werte haben für verschiedene Menschen unterschiedliche Bedeutungen. Das Gleiche gilt für Fotos. Ein Wissenschaftler, der das Bild eines Schnorchlers in einem Gewässer im Naturschutzgebiet Cuatro Ciénegas – einem 1300 Quadratkilometer großen Sumpf- und Seengebiet in der mexikanischen Chihuahuawüste – betrachtet, denkt sich vielleicht, dass ein Ökosystem von so einzigartiger Schönheit um jeden Preis geschützt werden muss. Das gleiche Foto mag einen anderen Menschen zu der Frage veranlassen, ob man diesen Ort besuchen kann. Ein Bauunternehmer könnte aus dem Foto schließen, dass dies der perfekte Platz für eine Ferienanlage wäre. Ein in der Nähe lebender Bauer ärgert sich vielleicht über all die Auswärtigen, die zu wissen meinen, was das Beste für die Gegend wäre. Jeder Beteiligte empfindet seine Sichtweise als die richtige.

Die Frage, wem ein bestimmter Ort gehört, ist im Fall des Amazonasgebiets von besonderer Bedeutung. Thomas Lovejoy, Chefberater für Artenvielfalt bei der Weltbank, beschreibt die Region folgendermaßen: «Die größte Wildnis der Welt, die größten Wälder und die größte Artenvielfalt. Wenn ich in diesen Urwald komme, fühle ich mich wie zu Hause, eins mit der Natur. Sie malt mit mehr Grünschattierungen, als man es je für möglich halten würde. Ihre Wunder sind kompliziert.»

Die Völker und die Kulturen am Amazonas sind ebenso einzigartig wie die Flora und Fauna. Obgleich Teile der Region kaum zugänglich sind, haben NATIONAL GEOGRAPHIC und andere Medien die Aufmerksamkeit der Welt auf sie gelenkt, so dass inzwischen Wissenschaftler, Regierungsvertreter, Naturfreunde und Geschäftsleute aus Südamerika und der übrigen Welt Anteil an den Geschicken der Region nehmen.

Dasselbe gilt für die indigenen Völker, deren Kultur und Überleben vom Regenwald abhängen. Experten sind davon überzeugt, dass tief im Regenwald Volksstämme leben, die noch nie mit Außenstehenden in Kontakt gekommen sind. In Peru, Brasilien und anderen Staaten sind ausgedehnte Flächen zu Reservaten für bestimmte Völker erklärt worden. Gleichzeitig üben Holzwirtschaft, Bergbau-, Öl- und Gasunternehmen enormen Druck aus, um die Region wirtschaftlich zu erschließen. Arme Südamerikaner ziehen an den Amazonas, um als Holzfäller oder in den Minen zu arbeiten. Auch Touristen strömen stetig in die Region, um dort die Wunder der Natur zu erleben und zu fotografieren. Infolgedessen weichen die Eingeborenen immer tiefer in den Dschungel zurück, das Gebiet verliert an Ursprünglichkeit.

Während Fotografien ihren Teil zu dieser Misere beigetragen haben, sind sie zur Lösung der Probleme kaum geeignet. Es hat sich gezeigt, dass die indigenen Völker am Amazonas höchst anfällig für eingeschleppte Krankheiten wie Tuberkulose und Grippe sind. Der Amazonas-Fototrip eines einzelnen Menschen kann für viele andere den Tod bedeuten.

Selbst Machu Picchu, die 500 Jahre alte Stadt, deren Gebäude von den Baumeistern der Inka so gekonnt aus Granitblöcken zusammengefügt wurden, dass kein Mörtel nötig war, ist gegen diese Art von Druck nicht gefeit. Jahr für Jahr besuchen rund 300 000 Menschen den Ort. Die Besucher bringen Perus Wirtschaft Devisen, doch ihre wachsende Zahl geht nicht spurlos an der Ruinenstadt vorüber. Sie hinterlassen Müll, und auf den Pfaden, Wegen und Treppen der Anlage kommt es bisweilen zu Staus. Viele Touristen haben ihre Kameras dabei und schießen Fotos. Doch auch wenn sie nicht den Ruhm ernten, den Bingham suchte und erlangte, werden sie wie er mit ihren Bildern nach Hause fahren und ein wenig Besitz von einem der großartigsten Orte der Welt nehmen.

DELMAR

Vorherige Seiten: Amy Toensing, 2003. Neubausiedlungen in Santa Isabel, Puerto Rico, sind eine von der Regierung finanzierte Alternative zu den übervölkerten *barrios* (Armenviertel).

Links: Hiram Bingham, 1913. Die von Bingham entdeckten Ruinen von Machu Picchu in Peru. Jedes Jahr besuchen ungefähr 300000 Menschen die archäologische Stätte.

Michael Nichols, 2003. Ein Rotaugen-Laubfrosch auf einem Ast im Amazonasbecken, Brasilien.

Vorherige Seiten: Steve Winter, 2003. Zwei Männer erforschen eine Flusshöhle in einem der *Mogotes* (Kalksteinfelsen) in Cueva del Panel, Valle de Vinales, Kuba.

Links: David Alan Harvey, 1999. Die Plaza Vieja, Havanna, Kuba.

450

STEVE VAUGHN, 2001. EIN BOOT LIEGT VOR DEN BAHAMAS VOR ANKER.

MIT IHREN BILDERN NEHMEN MENSCHEN

BESITZ VON GROSSARTIGEN ORTEN.

Pablo Corral Vega, 2000. Wildblumen in den Bergen Venezuelas.

454

Rechts: Sarah Leen, 1999. Eine Kirche in Cholula, Bundesstaat Puebla, Mexiko.

Folgende Seiten: Dieter und Mary Plage, 1984. Riesenschildkröten, Galapagos-Inseln.

INRI

OBEN: SISSE BRIMBERG, 1996. MEXIKANER FEIERN DEN *DIA DE LOS MUERTOS* („TAG DER TOTEN"), INDEM SIE AUF FRIEDHÖFEN WACHE HALTEN, BETEN SOWIE BLUMEN UND NAHRUNG ZU DEN GRÄBERN BRINGEN.

UNTEN: SISSE BRIMBERG, 1996. EIN KLEINER JUNGE TRÄGT BEI DER ZEREMONIE ZUM „TAG DER TOTEN" EIN REICH VERZIERTES KREUZ. BUNDESSTAAT PUEBLA, MEXIKO.

Luis Marden, 1936. Ein Junge steht im Fenster einer Kathedrale in Antigua, Guatemala, die im Jahr 1773 bei einem Erdbeben zerstört wurde.

Stephanie Maze, 1984. Anhänger des Candomblé-Kults in traditionellen zeremoniellen Gewändern bei der *Fiesta Popular de São Lazaro* in Salvador, Brasilien.

Robert Caputo, 1998. Jagd auf ein Wasserschwein beim vorösterlichen Viehzusammentreiben auf einer Ranch in Venezuela. Die Einheimischen zählen das halb im Wasser lebende Tier zu den Fischen, so dass sie es in der Fastenzeit getrost verspeisen können.

466

George Grall, 1995. Ein Schnorchler in einem kleinen See im Naturschutzgebiet Cuatro Ciénegas, einem 1300 Quadratkilometer grossen Sumpf- und Seengebiet in der Mexikanischen Chihuahuawüste.

Kenneth Garrett, 2003. Dieses Felsrelief in der Ruinenstadt Aguateca, einer klassischen Maya-Ausgrabungsstätte in Guatemala, zeigt Tan Te' K'inich, ein Mitglied der Königsfamilie.

LINKS: TOMASZ TOMASZEWSKI, 1995. JUNGE MIT BALLONS AM GEBURTSTAG EINES MÄDCHENS IN YUCATÁN, MEXIKO.

FOLGENDE SEITEN: C. W. BLACKBURNE, 1902. ST. PIERRE, MARTINIQUE, VOR DEM AUSBRUCH DES MONT PELÉE IM JAHR 1902.

CH

12 POLARREGIONEN

476

Vorherige Seite oben: Michael Lewis, 2003. Bunte Häuser im dänischen Stil in Qaanaaq, Grönland.

Unten: Sammlung Robert E. Peary, 1896. Eisberg in der Davis-Strasse im Nördlichen Eismeer, aufgenommen auf Robert E. Pearys Arktis-Expedition im Jahr 1896.

POLARREGIONEN

Es lebt niemand am geographischen Nord- oder Südpol, und nur sehr wenige Menschen waren jemals dort. Daher fehlen hier die historischen und kulturellen Einflüsse, die andere Regionen und unser Bild von ihnen geformt haben. Dennoch werden uns die Polargebiete mehr als irgendeine andere Ecke der Welt durch die Errungenschaften der Kultur im Allgemeinen und der Fotografie im Besonderen nahe gebracht.

Die Ära der Polarforschung begann im späten 18. Jahrhundert. Mit den ersten Expeditionen von Robert E. Peary an den geographischen Nordpol beziehungsweise Roald Amundsen an den geographischen Südpol erreichte sie ihren Höhepunkt. Sie fällt zeitlich mit der rasch voranschreitenden Entwicklung der Fotografie, der fotomechanischen Reproduktion und der Telekommunikation zusammen. Durch diese Technologien konnte ein weltweites Massenpublikum mit nur kurzer zeitlicher Verzögerung über die jüngsten Fortschritte der Forscher, Abenteurer und Entdecker unterrichtet werden und vor allem auch Fotos von den Menschen und Landschaften dort sehen. In den USA war die Zeitschrift der National Geographic Society das wichtigste Medium für die Polarberichterstattung.

Die Polarexpeditionen stellten einen kulturellen Meilenstein und zugleich eine wissenschaftliche Meisterleistung dar. Geographie wurde zur Massenunterhaltung, zu einem unwiderstehlichen Mix aus Spannung, Tragik, Eigeninitiative, Nationalstolz und Rennfieber: all das vor einer faszinierenden Landschaftskulisse mit überlebensgroßen Helden, die vor und hinter der Kamera zu glänzen verstanden. Die Pole waren Objekt der Begierde und höchst bedeutsame Ziele sowohl für die einzelnen Protagonisten als auch für ihre Länder. Peary fasste diese Geisteshaltung in seinem Tagebucheintrag vom 6. April 1909 zusammen: «Endlich am Pol!!! Der Preis von 3 Jahrhunderten, mein Traum und mein Trachten seit 23 Jahren. Endlich ist er mein. Ich kann es noch gar nicht fassen. Es scheint alles so einfach zu sein ...»

Nun, das war es nicht. Neben Mut und Glück waren für Pearys Expedition – ebenso wie für die von Richard E. Byrd, der als Erster den Südpol mit dem Flugzeug überflog – eine Menge Planung sowie finanzielle und logistische Unterstützung nötig, die unter anderem von der National Geographic Society geleistet wurden. Im Gegenzug profitierte die Gesellschaft von Pearys internationalem Ruhm. Außerdem wurden die Polargebiete für NATIONAL GEOGRAPHIC zu einem wichtigen fotografischen Sujet. So widmete das Magazin Pearys Reise eine komplette Ausgabe. Die von ihm und anderen Expeditionsmitgliedern aufgenommenen Fotos machten den Nordpol einer breiten Öffentlichkeit visuell zugänglich.

Schon bevor Peary den geographischen Nordpol erreichte, war die Öffentlichkeit von Bildern der Polargebiete in Bann gezogen. Dank der einzigartigen Landschaften, des Klimas und der dort angetroffenen Kulturen hält diese Faszination bis heute an. Oft wird der Polarkreis als unbelebte Schneewüste dargestellt, doch seit Jahrtausenden leben dort Menschen, Tiere und Pflanzen, die sich an Kälte, Schnee und Eis, an die langen, dunklen Winter und die hellen Sommer angepasst haben. Auch in der Antarktis gedeihen, unter noch härteren Bedingungen, zahlreiche Tier- und Pflanzenarten.

Mit ihrer Vielfalt an Formen, Farben und Lichtverhältnissen bieten die Polargebiete fesselnde Fotomotive. In den Aufnahmen aus Russland, Kanada, der Antarktis, Norwegen, Alaska, Grönland und dem Nördlichen Eismeer finden sich unzählige Abstufungen von Weiß, Blau, Rot und Grün. Die Naturgewalten haben Eisskulpturen hervorgebracht, die von Henry Moore stammen könnten. Schneefelder erscheinen wie purer Minimalismus, Nordlichter und Mitternachtssonne beschwören surrealistische Stimmungen herauf. Sogar wenn Menschen und ihre Spuren das Motiv sind, dominiert die Landschaft in einer Weise, die sich kaum bildlich einfangen lässt. Denn ein Foto hält die Farben von Schnee und Eis zu einem bestimmten Zeitpunkt fest. Dass sich die Farbtöne ständig verändern, kann eine Fotografie nicht vermitteln.

An diesen Orten regiert die Natur. Um sich behaupten zu können, muss der Mensch gegen unsichtbare Kräfte wie Kälte, Wind und eigene Schwächen kämpfen. Von diesem Kampf zeugt eine Aufnahme der Antarktis-Expedition 1912–13 unter Sir Douglas Mawson oder David Alan Harveys zeitgenössisches Foto der Inupiat-Walfänger, die in der Nähe von Barrow, Alaska, ihr in traditionelller Weise aus Robbenfell gefertigtes Boot über das Eis der Tschuktschensee ziehen.

Für Männer wie Amundsen, Peary, Mawson, Ernest H. Shackleton und Robert Falcon Scott war die Konfrontation mit den Naturelementen der Pole der Preis für wissenschaftliche Erkenntnis, einen Platz in den Geschichtsbüchern und ihre öffentliche Anerkennung als Entdecker. Für die indigenen Bewohner ist diese Konfrontation Teil ihres Alltags. In beiden Fällen haben die Pole dem Leben der Menschen einen Sinn gegeben, und damals wie heute geben die Menschen diesem geographischen Raum einen Sinn.

So wunderbar die Polarlandschaften auch aussehen, dies allein erklärt noch nicht ihre ungeheure Anziehungskraft – ebenso wenig wie ihre Unzugänglichkeit oder die heulenden Winde und Temperaturen von bis zu minus 70 Grad in der Antarktis. Die Macht der Pole liegt in ihrer Leere und Weite, die sich als Projektionsfläche für Phantasien anbietet. Wer nie dort gewesen ist, dem mögen die Polarregionen als etwas erscheinen, das der Pianist und Intellektuelle Glenn Gould 1967 in seiner Radiodokumentation „The Idea of North" als einen Ort bezeichnete, «von dem man träumen und um den man große Geschichten spinnen kann, den man letztlich aber meidet».

Gould selbst reiste in die Gegenden jenseits des nördlichen Polarkreises, wo er Stimmen und Eindrücke für seine Dokumentation sammelte. Die Menschen, mit denen er sprach, erzählten ihm unter anderem von ihrem Bedürfnis nach einem Leben fernab der Zivilisation in Einsamkeit und Harmonie mit einer unverdorbenen Natur.

Die Vorstellung der Polarregionen als abgeschiedene, reine Gebiete, wo man sich auf die eigene Kraft und das Lebensnotwendige besinnen muss, taucht in der von diesen Landschaften inspirierten Literatur immer wieder auf. Vielleicht ist es gerade der Gedanke, sich gegen alle Widrigkeiten zu behaupten, der die eigentliche Magie der Polargebiete ausmacht. Selbst wenn wir diese Regionen lediglich auf Fotos betrachten, zwingen sie uns, unser Dasein in der Unmittelbarkeit von Überleben und Tod zu sehen. Sie konfrontieren uns mit unserer zerbrechlichen Endlichkeit, um die unser Leben ständig kreist.

Ob wir eine Landschaft tatsächlich oder mittels Fotografien kennen lernen: Die Sinngebung erfolgt stets durch die eigene Wahrnehmung des Ortes oder Bildes und welche Bedeutung wir dieser Wahrnehmung für uns beimessen. Es ist eine Binsenweisheit, dass die Großartigkeit eines geographischen Raums – egal ob wir ihn direkt oder indirekt sehen – im Auge des Betrachters liegt. Auf dieser Welt gibt es viele beeindruckende Orte. Manche Menschen sehen sie, andere nicht, wieder andere machen sich nicht einmal die Mühe hinzuschauen. Mögen Sie sich an einem solchen Ort befinden, wann immer Sie dieses Buch auf- oder zuschlagen.

Vorherige Seiten: Bob Sacha, 1988. Mondlicht erhellt Qaanaaq. Hier leben die meisten Nachfahren der Inuit, die für Peary arbeiteten. Die Aufnahme entstand im Februar um die Mittagszeit.

Links: Stephen Sharnoff und Sylvia Duran, 1997. Zu den wichtigsten so genannten Rentierflechten zählt *Cladina stellaris*, eine Lieblingspflanze der Karibus und Rentiere. White Pass, Alaska.

elan

PRIIT VESILIND, 1982. EINHEIMISCHE KINDER, WÄSCHE SOWIE ALTE UND NEUE FORTBEWEGUNGSMITTEL IN DER GEMEINDE DER NA-DENE-INDIANER IN NORMAN WELLS AM MACKENZIE RIVER, NORDWESTTERRITORIEN, KANADA.

Bill Curtsinger, 1986. Kaiserpinguine schwimmen bei ihrer unablässigen Jagd auf Krill unter dem Eis. Beim Beschleunigen entweichen aus ihrem Gefieder Luftbläschen, die wie Kondensstreifen aussehen. In den flachen und nährstoffreichen Gewässern des McMurdo-Sunds in der Antarktis finden die Tiere reichlich Nahrung.

OBEN: RALPH LEE HOPKINS, 2004. SONNENSTRAHLEN DRINGEN DURCH DEN NEBEL UND BELEUCHTEN DIE FELSFORMATIONEN DES NORWEGISCHEN SVALBARD-ARCHIPELS.

UNTEN: RICHARD OLSENIUS, 2003. FRÜHHERBST AM DEMPSTER HIGHWAY, DER RUND 730 KILOMETER VON DAWSON CITY NACH INUVIK FÜHRT.

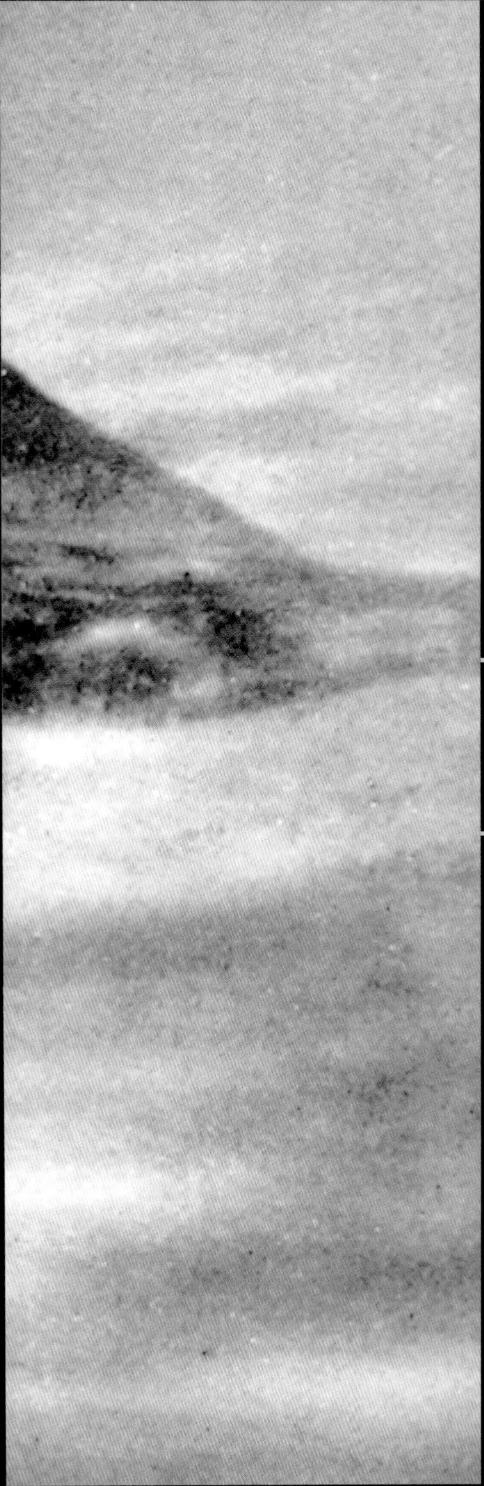

VORHERIGE SEITEN: MARIA STENZEL, 2001. ADÉLIEPINGUINE KEHREN VOM ROSSMEER ZU IHREN JUNGEN AM KAP CROZIER, ANTARKTIS, ZURÜCK.

LINKS: J. B. LIPPINCOTT CO., 1912–13. MITGLIEDER DER MAWSON-EXPEDITION AN DER COMMONWEALTH-BUCHT, KAP DENISON, ANTARKTIS.

OBEN LINKS: PRIIT VESILIND, 1982. YELLOWKNIFE AM NORDWESTUFER DES GROSSEN SKLAVENSEES IST DIE GRÖSSTE STADT IN DEN KANADISCHEN NORDWESTTERRITORIEN.

OBEN RECHTS: MARIA STENZEL, 2001. DIE SONNE SPIEGELT SICH IN EINER SPÄTSOMMERNACHT IN DER ANTARKTIS AUF DEM WASSER.

DIE POLARGEBIETE WERDEN UNS VOR ALLEM

DURCH DIE FOTOGRAFIE NAHE GEBRACHT.

Paul Nicklen, 2001. Ein nasser Eisbär streckt den Kopf aus dem Eismeer. North Baffin Island, Nunavut, Kanada.

498

Maria Stenzel, 1996. Während des alljährlichen Frühlingsfests führt eine Nenzin ihre geschmückten Rentiere durch die Stadt Yar Sale auf der Jamal-Halbinsel, Sibirien, Russland.

LINKS: MARIA STENZEL, 1995. DIE BRÜCKE DES EISBRECHERS „NATHANIEL B. PALMER“ IM ANTARKTISCHEN BELLINGSHAUSENMEER.

FOLGENDE SEITEN: DAVID ALAN HARVEY, 2001. INUPIAT ZIEHEN IHR BOOT ÜBER DAS EIS DER TSCHUKTSCHENSEE. BEI BARROW, ALASKA.

BEST OF NATIONAL GEOGRAPHIC

DIE BEEINDRUCKENDSTEN LANDSCHAFTEN DER WELT

Von Ferdinand Protzman

VERÖFFENTLICHT VON
DER NATIONAL GEOGRAPHIC SOCIETY

John M. Fahey, Jr., President and Chief Executive Officer
Gilbert M. Grosvenor, Chairman of the Board
Nina D. Hoffman, Executive Vice President

ERARBEITET DURCH DIE FACHABTEILUNG BUCH

Kevin Mulroy, Senior Vice President and Publisher
Marianne R. Koszorus, Design Director
Leah Bendavid-Val, Director, Photography Books

MITARBEITER AN DIESEM BUCH

Leah Bendavid-Val, Editor
Melissa Hunsiker, Assistant Editor
Rebecca Lescaze, Text Editor
Susan Blair, Illustrations Editor
Peggy Archambault, Art Director
Anne Moffett, Researcher
R. Gary Colbert, Production Director
Rebecca Hinds, Managing Editor
Meredith C. Wilcox, Editorial Illustrations Specialist
Mike Horenstein, Production Project Manager
Theodore B. Tucker, IV, Design and Production Assistant

HERSTELLUNGS- UND QUALITÄTSKONTROLLE

Christopher A. Liedel, Chief Financial Officer
Phillip L. Schlosser, Managing Director
Clifton M. Brown, Manager

Titel der amerikanischen Originalausgabe:
Wide Angle
National Geographic Greatest Places

ÜBERSETZUNG:
Katharina Förs, Gerlinde Schermer-Rauwolf, Robert Weiß
LEKTORAT:
Alexandra Schlüter
SCHLUSSREDAKTION:
Katharina Harde-Tinnefeld
TITELGESTALTUNG:
Lutz Jahrmarkt

PRODUKTIONSGRAFIK:
Sandra Cordes
HERSTELLUNG:
G+J Druckzentrale,
Heiko Belitz (Ltg), Thomas Oehmke
SATZ:
Einsatz Creative Production
DRUCK:
Druckerei Himmer, Augsburg
ISBN 978-3-86690-053-0

Die National Geographic Society, eine der größten gemeinnützigen wissenschaftlichen Vereinigungen der Welt, wurde 1888 gegründet, um «die geographischen Kenntnisse zu mehren und zu verbreiten». Seither unterstützt sie die wissenschaftliche Forschung und informiert ihre mehr als neun Millionen Mitglieder in aller Welt.

Die National Geographic Society informiert durch Magazine, Bücher, Fernsehprogramme, Videos, Landkarten, Atlanten und moderne Lehrmittel. Außerdem vergibt sie Forschungsstipendien und organisiert den Wettbewerb National Geographic Bee sowie Workshops für Lehrer. Die Gesellschaft finanziert sich durch Mitgliedsbeiträge und den Verkauf der Lehrmittel.

Die Mitglieder erhalten regelmäßig das offizielle Journal der Gesellschaft: das National Geographic-Magazin.

Falls Sie mehr über die National Geographic Society, ihre Lehrprogramme und Publikationen wissen wollen, nutzen Sie die Website unter www.nationalgeographic.com.

Die Website von National Geographic Deutschland können Sie unter www.nationalgeographic.de besuchen.

DANKSAGUNGEN

Der Dank der Herausgeber von „Best of National Geographic: Die beeindruckendsten Landschaften der Welt“ gilt der National Geographic Image Collection, Image Sales, dem Digital Imaging Lab und den National Geographic Archives, insbesondere Brian Drouin, Susie Riggs, Paula Allen, Lisa Mungovan, Sanjeewa Wickramasekera, Erika Norteman, Bill Bonner, Charles W. Harr, Betty Behnke und David C. Uhl.

Wir möchten auch unseren Kollegen bei North American Color danken, vor allem Lisa Baker, Sue Blesch, Mike Eddington, Pete Groff und Kellie Pijaszek. Unser Dank geht außerdem an unsere Kollegen aus der Abteilung National Geographic's International Licensing and Alliances, besonders an Robert Hernandez, Howard Payne und Maeyee Lee, die dieses Projekt unterstützt haben. Ein Hinweis zu den Daten: Bei veröffentlichten Fotos ist das Datum der Erstveröffentlichung genannt, bei nicht veröffentlichten Bildern das Datum ihres Erwerbs. War das genaue Datum nicht bekannt, wurde ein ungefähres angegeben.

Der preisgekrönte Autor Ferdinand Protzman schreibt über kulturelle und künstlerische Themen. Er hat das hoch gelobte Buch „Landscape: Photographs of Time and Place“ verfasst. Seine Rezensionen, Essays und Artikel sind in der *Washington Post,* der *New York Times,* dem *Wall Street Journal,* der *International Herald Tribune,* in *ARTnews,* der *Harvard Review,* in *Forward* und im *ZEIT-Magazin* erschienen. Zudem hat er für „National Geographic Photographs: The Milestones“ einen Essay beigesteuert und das Nachwort der bei Arion Presse erschienenen limitierten Ausgabe von „The Voices of Marrakesh“ geschrieben, der englischsprachigen Ausgabe von „Die Stimmen von Marrakesch“ des Nobelpreisträgers Elias Canetti.

Fotos auf den Seiten 2 bis 27: Seiten 2/3: Stuart Franklin, Huangshan (Gelbe Berge), Provinz Anhui, China; Seiten 4/5: George Steinmetz, Great Barrier Reef, Australien; Seiten 6/7: Robb Kendrick, Khumbu-Gebiet, Nepal; Seiten 8/9: Reza, Altstadt von Jerusalem; Seiten 10/11: Sam Abell, Birkenallee, Jasnaja Poljana, Russland; Seiten 12/13: Sisse Brimberg, Elverhøj, Sjælland, Dänemark; Seiten 14/15: James L. Stanfield, Segovia, Spanien; Seiten 16/17: Kenneth Garrett, Bahariya-Oase, Ägypten; Seiten 18/19: David Doubilet, Okawango, Botswana; Seiten 20/21: Diane Cook und Len Jenshel, Escalante National Monument, Utah, USA; Seiten 22/23: Peter Essick, Perito-Moreno-Gletscher, Lago Argentino, Los-Glaciares-Nationalpark, Patagonien, Argentinien; Seiten 24/25: Norbert Rosing, Moschusochsen in Nunavut, Nordwestterritorien, Kanada; Seiten 26/27: Steve Vaughn/Panoramic Images, Flamingos in Mexiko; Seiten 30/31: Sam Abell, Jasnaja Poljana, Russland; Robert Estall Agency: 346/347, 358/359, 380 (unten); Getty Images: 260/261; Magnum Photos: 320/321; Minden Pictures: 361; National Geographic Image Collection: 12/13, 24/25, 30/31, 40, 52/53, 56/57, 60/61, 67, 73, 94, 109 (oben), 132, 149, 166/167, 190 (beide), 218/219, 230 (beide), 238, 250/251, 254/255, 266/267, 270 (unten), 280/281, 288, 296/297, 300/301, 326/327, 332/333, 348 (oben), 354/355, 356, 369, 388 (oben), 400/401, 406, 410 (beide), 415, 416/417, 429, 432/433, 434, 444/445, 474 (oben), 482, 484/485, 488 (beide), 494, 496/497; Panoramic Images: 26/27, 62/63, 170/171, 282/283, 450/451.
Ergänzende Bildnachweise: Cover: Steve Vaughn/Panoramic Images
Rückseite (v.l.n.r.): Diane Cook und Len Jenshel, Steve McCurry, Bill Bachman
Innenseite (v.l.n.r.): R. Ian Lloyd, Georg Steinmetz